JN418132

교회를 사랑하는 자들에게 들려주는

교회 이야기

최종호 지음

대한기독교서회

교회를 사랑하는 자들에게 들려주는
교 회 이 야 기

2007년 11월 20일 초판 1쇄

지은이/최종호
펴낸이/정지강
펴낸곳/대한기독교서회
편집책임/장영화

등록/1967년 8월 26일 제1-77호
주소/135-090 서울시 강남구 삼성동 169-1
전화/출판 (02)553-0873~4, 영업 (02)553-0870~2
팩스/출판 (02)3453-1639, 영업 (02)555-7721
e-mail/cls1890@chollian.net
http://www.clsk.org

직영서점/기독교서회
종로 5가 기독교회관 1층, 전화 (02)744-6733, 팩스 (02)745-8064

값 10,500원/책번호 1449
ISBN 978-89-511-0979-9 03230

The Christian Literature Society of Korea, Seoul
Printed in Korea

교회를 사랑하는 자들에게 들려주는

교회 이야기

이 연구는 2007학년도 경성대학교의 지원에 의하여 연구되었음.

"제도권 교회의 벽을 허문다!"

몇 해 전부터인가 공공건물의 벽을 허물어 그곳을 지나는 시민들을 기쁘게 해주고 있습니다. 요즈음은 콘크리트 벽 대신에 꽃과 나무를 심어 보는 사람으로 하여금 마음을 상쾌하게 하기까지 합니다.

마찬가지로 교회와 교회, 교파와 교파간의 벽을 허문다면 교회가 얼마나 아름다워질까? 이로 인해 사회는 또 얼마나 아름다워질까? 무엇보다 더 기대되는 것은 교회와 사회, 사회와 교회 모두가 아름다워지는 것을 보는 사람들은 얼마나 행복할까! 이런 생각을 하며 기뻐합니다.

지금까지 교회는 자신의 아성을 지키기 위한 교회주의적 편협한 사고에서 오랫동안 머물렀습니다. "나의 교회", "나의 교파"의 강조는 교회의 게토화(ghetto)를 만들었고, 그리고 그것은 교회 개혁을 어렵게 만들었습니다. 제도권 교회와 교파가 방향을 바꿀 수 있는 것은 계속해서 교회주의와 교파주의 트랙을 따라 움직이며 가던 기차에서 내려야 합니다.

교회 이기주의, 교파 이기주의로 얼룩진 교회와 교파를 향해 주님은 "이 교회를 헐어라!" 그리고 "이 교파의 벽을 헐어라!"고 하는 것 같습니다.

교회 개혁은 "새 술은 새 부대에!"라는 주님의 말씀을 듣고 교회주의의 벽, 교파주의의 벽을 허물고, 교회의 본질이 무엇인가를 근본적으로 숙고하면서 방향을 세우고 실천할 때 나타날 것입니다.

"교회가 바뀌어야 세상이 바뀐다!" 누가 할 것입니까?

"세상을 변화시키려면 네 자신부터 시작하라!" 우리들 대부분이 듣고 싶지 않은 말이지요! 그러나 "내가 달라져야 세상이 달라집니다!" 왜냐하면 하느님은 나를 도구로 쓰고자 하시기 때문입니다. 이것은 어려움에 처해 있을 때 그것이 "나" 때문일 수도 있다고 보도록 하며 우리를 잠에서 깨어나게 하는 경보입니다. 이 경보를 듣고 깨어 생각을 바꾸면 오늘의 위기는 새롭고 특유한 풍부한 대답을 줄 수 있는 유일한 기회(opportunity)가 되리라 확신합니다.

이 책은 "성령의 능력 속에 있는 교회"(The church in the power of the Holy Spirit)를 그리워하면서 시작했습니다. 이 책에서 언급하고 있는 "교회"의 의미는 성전으로서 교회가 아닙니다. 교회란 그리스도를 머리로 하여 모인 하느님의 백성들, 나아가서 그 교회가 흩어져 사회의 빛과 소망과 생명이 되는 것을 말하고 있습니다.

전반부는 초기 교회, 교회의 본질, 교회 개혁 등을 다루고 있습니다. 교회가 자신의 본질을 잃을 때, 교회가 무엇인가를 살펴보는 일은 중요할 것입니다. 교회의 본질에 충실한 초기 교회는 언제나 참 교회의 모델이 됩니다. 그리고 종교개혁(reformation)에서 보여준 개혁정신은 교회가 교회되기 위해서는 끊임없이 개혁되어야 한다는 것을 보여주고 있습니다. 후반부는 교회의 사회성과 교회 일치, 영성과 목회 등을 다루고 있습니다. 여기서는 교회가 세상에 있는 이유가 드러나고 그리고 이에 따른 목회의 방향도 정해집니다. 목회는 하느님이 세상을 사랑하는 것처럼(요 3:16) 세상을 향한 목회전략을 고려했습니다. 그러기 위해서 세상을 구원하기 위해 십자가에 달리신 그리스도를 명상하는 항목을 넣었습니다. 이러한 에큐메니컬 이해로 인해 성경은 공동번역 성서를 사용했습니다.

끝으로 이 책의 출판을 허락한 대한기독교서회의 서진한 출판국장님과 대한기독교서회 관계자 여러분들에게 감사의 마음을 표합니다. 이 책을 교회를 사랑하는 자들에게 바칩니다.

최 종 호

이야기 순서

제 2 부 교회와 사회

제 4 장 교회 개혁

제 5 장 구약시대 "교회"와 성전의 의미

제 6 장 교회와 사회

제3부 하나의 교회

제 7 장 교회의 분열

제 8 장 일치를 위한 신학적 연구

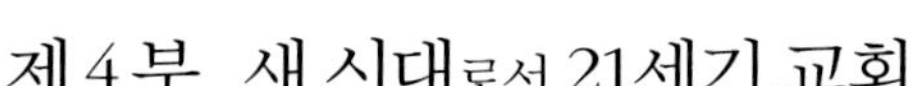

제 4 부 새 시대로서 21세기 교회

제 10 장 한국 교회의 위기

제 11 장 새 시대로서 21세기 교회

제 12 장 목회

제5부 영성

제 13 장 영성

제 14 장 교회의 토착화

제 15 장 십자가와 명상

제 1 부

교회란 무엇인가요?

교회는 주님의 몸이요, 하나님의 백성들입니다.
그래서 교회가 있는 곳에서 사회는 아름답습니다.

제 1 장

초기 교회

여기서 초기 교회란 사도행전 2장에 나오는 오순절을 기점으로 탄생한 예루살렘 교회와 바울의 선교를 통해 유대 땅 밖 이방에 세워진 교회들을 말합니다. 시기는 대체로 예수가 죽은 후 예루살렘에서의 최초의 교회 설립으로부터 1세기 말까지의 약 70년간의 그리스도교를 지칭합니다.

카파도키아 동굴

교회는 어떻게 탄생되었나요?

예수가 다시 사셨습니다. 그 소문이 퍼지면서 흩어졌던 예수의 제자들은 마가의 다락방에 모여 한 마음, 한 뜻으로 기도했습니다.

"마침내 오순절이 되어 신도들이 모두 한 곳에 모여 있었는데 갑자기 하늘에 세찬 바람이 부는 듯한 소리가 들려오더니 그들이 있던 집안을 가득 채웠다. 그러자 혀 같은 것들이 나타나 불길처럼 갈라지며 각 사람 위에 내렸다. 그들의 마음은 성령으로 가득 차서 성령이 시키시는 대로 여러 가지 외국어로 말을 하기 시작하였다." (행 2:1-4)

성령의 역사 속에 있는 교회는 각국에서 사람들이 모였지만 사도들이 말하는 것이 그들에게는 저마다 자기네 지방 말로 들리므로 서로가 의사소통할 수 있었습니다.(행 2:5-36 참조)

이제 모인 성도들, 즉 교회는 성령의 능력을 받고 부활의 증인이 되었습니다. "사도들은 놀라운 기적을 나타내며 주 예수의 부활을 증언하였고 신도들은 모두 하느님의 크신 축복을 받았다." (행 4:33)

이렇게 교회는 성령의 역사와 함께 시작되었습니다. 사도행전에 나오는 마가 요한의 다락방에서 120명의 성도들에게 내린 성령 강림 사건이 교회를 탄생시킨 것입니다.

02 초기 교회의 신앙고백은 무엇인가요?

최초의 교회는 예루살렘 교회와 안디옥 교회였습니다. 예루살렘 교회에는 선민사상을 가진 유대인으로 구성되어 이방인과의 접촉보다는 유대인들을 전도하는 일에 심혈을 기울였습니다. 그와는 달리 안디옥 교회는 예루살렘을 벗어나 이방의 다양한 문화, 특히 당시 헬라 문화와 접촉하면서 예수 그리스도를 전파하기 시작했습니다. 여기 안디옥에서 처음으로 예수를 그리스도라고 고백하는 자를 크리스천(Christian)이라고 명명했습니다. 초기 그리스도인들은 예수를 주(kyrios), 혹은 그리스도(christos)로 고백했습니다.(마 8:29; 고전 12:3; 빌 2:11) 예수는 세상의 주님(Lord)이시며, 이 세상을 구원하시기 위해 오신 메시아(Messiah)입니다.

사도들은 예수가 성령으로 잉태했으며, 동정녀 마리아에게서 태어나시고, 로마의 총독 빌라도로부터 고난을 받으시고, 십자가에 못 박혀 돌아가셨으며, 죽은 지 3일 만에 다시 살아나셨고, 승천하셨으며, 그리고 장차 세상을 심판하시기 위해 오실 것을 믿었습니다.

사도들은 예수를 하느님으로 고백했습니다. 세례 요한은 예수를 우리의 죄를 대속해 주신 "하느님의 어린 양"(요 1:36)으로, 나다나엘은 "하느님의 아들, 이스라엘 왕"(요 1:49)으로, 베드로는 "하느님의 아들 그리스도"(마 16:13ff.; 막 8:29; 눅 9:18f.; 요 6:66f.)로, 마가는 "하느님의 아들"(Son of God, 막 15:39 참조)로 고백했습니다. 초기 교회는 예수 그리스도를 이 세상의 주인(Lord)으로서, 구주(Savior)로서 고백하고 복종하는 것, 그것이 그들의 신앙고백이었습니다.

03 초기 교회의 삶의 방식은 어떠했나요?(1)

초기 교회는 세례와 죄의 용서와 성령의 역사로 가득 찼습니다. "회개하시오. 그리고 여러분은 한 사람도 빠짐없이 예수 그리스도의 이름으로 세례를 받고 여러분의 죄를 용서 받으시오. 그리하면 성령을 선물로 받게 될 것입니다. … 그 날에 새로 신도가 된 사람은 삼천 명이나 되었다."(행 2:38-42)

초기 교회는 친교와 영적으로 서로 하나가 된 생활 공동체이었습니다. "그들은 사도들의 가르침을 듣고 서로 도와주며 빵을 나누어 먹고 기도하는 일에 전념하였다."(행 2:42)

"믿는 사람들은 모두 함께 지내며 그들의 모든 것을 공동 소유로 내어놓고 재산과 물건을 팔아서 모든 사람에게 필요한 만큼 나누어 주었다. 그리고 한 마음이 되어 날마다 마음으로 기쁘게 음식을 함께 먹으며 하느님을 찬양하였다."(행 2:44-47)

"그들 가운데 가난한 사람은 하나도 없었다. 땅이나 집을 가진 사람들이 그것을 팔아서 그 돈을 사도들 앞에 가져다 놓고 저마다 쓸 만큼 나누어 받았기 때문이다."(행 4:34-35)

이 얼마나 아름다운 모습인가요? 우리들의 가슴을 설레게 하고 흥분시켜주는 한 폭의 아름다운 그림 그 이상입니다. 마르크스는 이러한 낙원을 실현시키려고 꿈꾸다 실패하고 말았습니다. 왜냐하면 거기에는 성령의 역사가 아니라, 인간의 수단과 방법만을 의지하고 있었기 때문이었습니다.

초기 교회의 삶의 방식은 어떠했나요?(2)

초기 그리스도인들은 비그리스도인들과는 구별된 삶을 살았습니다. 그들은 자신들을 이 땅에서의 삶을 나그네, 즉 파로이코이(paroikoi)로 인식했습니다. 헬라어 "파로이코이"는 시민권이 없이 국내에 거주하는 외국인을 가리키는 용어로서 영어의 필그림(pilgrim)은 여기서 유래했습니다. 그리스도인들은 이교적인 이 세계에서 이질성을 인식하고 이 세상의 가치와는 구별된 삶을 지향했습니다. 비록 저들은 발은 땅에 속해 있었으나 머리는 천국에 두고, 이 세상의 어떤 것에도 탐닉하지 않고 이 세상과는 구별된 공동체를 형성해갔던 것입니다.

특히 초기 공동체의 사랑과 자비의 행위는 이 시기 교회의 중요한 발전의 초석이 되었습니다. 이러한 행위는 초기 교부들에 의해 더욱 힘 있게 전해졌습니다. 라틴 교부인 터툴리아누스는 자기를 적대하는 자들에게까지도 돕고 또 목숨을 버릴 각오로 살아 감동의 삶을 살 것을 강조했습니다. 초기 교회의 교훈집 『디다케』에서는 "조건 없는 베풂"을 강조하고 있습니다. 이처럼 초기 그리스도인들은 가난하고 궁핍한 이웃을 구제하고, 병들고 고통당하는 이들을 사랑과 자비로 돌보았고, 옥에 갇힌 자를 방문하여 위로하였습니다.

심지어 기독교를 비방했던 루시안(Lucian of Samosata, 120 -?)까지도 그리스도인들의 사랑과 도움에 대하여 다음과 같이 말하고 있습니다. "그리스도인들은 본래 율법수여자들로 서로 형제들이며 서로가 서로를 사랑하라고 가르쳤다. 그들은 형제들에게 도움을 줄 일이 발생하면 즉각적으로 도움을 베풀기를 주저하지 않는다." 고 했습니다.

초기 교회의 특징은 무엇인가요?

초기 교회의 예배의 요일, 장소 그리고 예배의 형식은 고정적이지 않고 오히려 "자유"로웠습니다.

첫째, 처음에 그리스도인들은 날마다 모여 예배를 드렸습니다.(행 2:46-47) 그러다가 점차로 그리스도의 부활을 기념하는 주초, 즉 일요일을 주일로 바꾸어 예배를 드렸습니다.(행 20:7; 고전 16:2) 우리는 매 주일날에 주님을 만나고 있나요?

둘째, 초기 교회의 모이는 장소는 다락방(행 1:13; 2:1f.), 가정집, 지하 무덤(카타콤) 같은 곳이었습니다. 그러나 그들의 예배에 임하는 자세는 진지했고 생동감이 넘쳤습니다. 그들은 환난 중에도 기뻐하며 감사하며 예배를 드렸습니다. 오늘날 웅장하고 화려한 예배당에서 참으로 예배의 진지함과 생동감을 느끼고 있나요?

셋째, 초기 교회의 예배는 성찬을 겸한 성도의 교제(koinonia)가 있었습니다. 성찬을 통한 교제(communion)는 예배의 최고 행위로 간주되었습니다. 오늘의 교회는 성찬을 통한 그리스도의 뜨거운 체험과 성도의 교제를 소홀히 하고 있지 않나요?

넷째, 세례를 통한 기독교의 공동체를 확고히 했습니다. 이 공동체에 속한 그리스도인은 어떤 박해에도 순교를 각오하면서 그리스도를 전하는 일에 최선을 다했습니다. 모이면 기도하고, 흩어지면 복음을 전하는 것이 그들의 모토였습니다.

다섯째, 초기 교회는 유무상통하였습니다.(행 4장, 2장 참조) 교회는 가난한 사람들을 도와주었습니다. 마르크스의 공산주의 유토피아 선전이 역사에서 실현되지 못했지만, 바로 이 예루살렘 교회를 통해 이미 실현되었다고 볼 수 있습니다.

06 최초의 순교자를 낸 예루살렘 교회는 어떤 위치에 있었나요?

예루살렘 교회는 오순절에 세례와 성령을 통해 세워진 성령세례 교회, 성령 충만한 교회로서 오순절 교회라고 불립니다. 예루살렘 교회는 하나의 지도자를 중심으로 하여 세워나갔습니다. 최초의 지도자는 베드로였습니다. 처음에 교회는 베드로를 위시하여 두세 사람과 함께 교회를 이끌어나갔습니다.(갈 1:18) 그러나 베드로가 예루살렘을 떠난 후에는 그의 주도권이 주의 형제 야고보에게 옮겨졌습니다.(갈 2:9)

예루살렘 교회가 세워진 얼마 후 기독교는 박해를 받았습니다. 예루살렘 교회의 최초의 일곱 집사 가운데 스데반 집사가 순교를 당했습니다. 처음 교회가 왜 박해를 받게 되었는가 하는 등의 문제에 답하기 위해 우리는 그때에 교회가 무엇을 했는가를 묻지 않을 수 없습니다.

교회의 기능은 두 가지가 있는데 그중 하나는 모이는 교회가 있고, 또 하나는 흩어지는 교회가 있습니다. 모이는 교회에서는 예배와 친교 공동체로서 사랑의 공산주의적 삶을 살았습니다. 그러나 흩어지는 교회는 복음을 전파해야 하고 그리고 세상인들과는 다른 차원의 삶을 사는 것 때문에 박해를 받은 것입니다.

초기 디아스포라 공동체는 기독교를 박해하는 상황 속에서도 예수 그리스도의 십자가와 부활을 전하는 데 주저하지 않았습니다. 그들의 선포 내용은 인류를 구원할 메시아가 당신들이 십자가에 못 박았으나 다시 살아났다는 것이었습니다. 사도들은 예수 그리스도의 생애와 부활을 증언하는 순교자가 되었습니다.(행 1:8, 22) 여기서 그리스도의 증인이 되는 것은 순교자나 마찬가지였습니다. 기독교는 증인의 역사, 즉 순교의 역사입니다. 순교의 피가 그리스도의 복음을 전한 것입니다.

07 초기 교회의 성령의 역사는 어떤 의미를 가지는가요?

역사에 나타난 최초의 교회 예루살렘 교회는 성령 충만한 교회였습니다. 이들이 주간의 첫 날에 함께 모인 것은 주님의 부활 사건을 통해서 경험한 생을 축하하고 찬양하는 예배와 십자가와 부활 사건의 주인인 주님의 임재를 확인하고 기념하는 식탁을 나누려고 모였던 것이 아닌가요? 그런데 뜻밖에(suddenly) 온 교회가 성령 충만의 역사 속에 있었던 것입니다.

사도행전 1:8을 보면 "오직 성령이 너희에게 임하시면 너희가 권능을 받고 예루살렘과 온 유대와 사마리아와 땅 끝까지 이르러 내 증인이 되리라" 고 하였습니다. 성령을 받으면 권능을 얻습니다. "권능" 은 헬라어 "뒤나미스" (*δύναμις*)에 해당하는 단어로 영어의 "다이너마이트" (dynamite)가 여기서 파생되었습니다. 따라서 성령을 받으면 다이너마이트와 같은 폭발적인 힘을 받아 어떠한 어려움도 뚫고 나갈 수 있는 것을 말합니다. 성령의 임재 가운데 살아가는 사람은 권능 있는 삶을 살게 되고, 권능 받은 자는 증인의 삶을 살게 될 것이라는 것이지요. 이러한 성령 충만한 교회는 다음과 같은 일을 하였습니다.

1) 순교를 무릅쓰고 두려움 없이 복음을 전하기 위해 세계로 나아가는 살아 있는 디아스포라 공동체였습니다.

2) 고아와 과부와 가난한 자를 돕는 사랑의 실천에 중점을 두는 친교(koinonia) 공동체였습니다. 개인 집 식탁에 둘러 앉아 떡을 나눈 성만찬 공동체, 즉 밥상 공동체였습니다.

3) 이제부터 그리스도인들은 구약의 안식일에 머물러 있지 않고 안식일의 주인인 주일을 예배일로 지키게 되었습니다.

초기 교회의 구성원이 되기 위해서는 어떤 절차가 있었나요?

초기 교회에 있어서 교회의 구성원이 되기 위해서는 세례를 받았습니다. 초기 공동체의 세례의 최초 형식은 "예수 그리스도의 이름으로" 세례를 주는 것이었습니다. 그것이 다른 이방 종교와 다른 점이었습니다. 예를 들면 밀의 종교는 세례를 주고 있지만, 그리스도의 이름으로 세례를 베풀지 않았습니다.

그러나 얼마 후 세례 양식은 "성부, 성자, 성령의 이름으로" 세례를 주는 것으로 바뀌었습니다.(마 28:19) 성자의 이름으로 세례를 주던 것을 성부, 성자, 성령의 이름으로 세례를 주는 것으로 바뀐 것은 신학적 해석의 표현입니다. 예수는 하느님의 아들이며 또한 예수 안에 성부 하느님과 성령 하느님이 함께 계신다는 삼위일체 해석은 기독교 세례의 신학적 의미를 더해줍니다.

더 나아가 세례는 과거의 모든 죄를 용서 받는 수단이요, 성령이 주어지는 의식으로 생각되었습니다. 그리스어 baptisma(세례, 침례)는 "침수한다"는 동사에서 온 명사로서 몸을 물에 잠그고 씻음으로써 신생의 종교적 의미를 지니고 있습니다. 특히 나아만 장군의 문둥병 치료는 물에서 이루어졌습니다. "요단 강에 몸을 일곱 번 씻으라."는 엘리사의 명령을 듣고 순종했을 때 치유된 것입니다.

구약의 전통에 서 있는 유대교 가운데 쿰란 교단과 세례 요한의 그룹에서는 세례가 교회 입문으로 사용되었던 것처럼 초기 교회에서 그리스도의 공동체의 한 일원이 되는 것은 그리스도의 이름으로 세례를 받는 것이었습니다.

09 초기 교회는 어떻게 선교를 했나요?

초기 교회 예루살렘 교회의 구성원들은 갈릴리와 유다 지방의 유대인들, 각처에 흩어져 살고 있던 디아스포라 유대인들, 심지어는 유대교 신봉에 열렬한 제사장들까지도 포함되어 있었습니다. 그러나 하느님에 대한 복종과 헌신으로 인해 동족 유대인들로부터 공격을 받게 되었고 급기야 스데반 집사가 돌에 맞아 죽기에 이르렀습니다.(행 5:17-42, 6:8-7:60)

이런 박해로 인해서 그리스도인들은 유다 전역과, 가이샤랴, 안디옥, 다메섹, 구브로 섬 등 먼 지역까지 흩어지게 되었습니다. 그러나 흩어지면서 오히려 복음은 더욱더 널리 전파되기 시작했습니다.(행 8:1-5)

예수께서 십자가에 달리시고 부활하신 후 그의 제자들과 교회에 주신 세계 선교에 대한 명령은 복음서들과 사도행전에 기록되어 있습니다.(마 28:118-20; 막 16:15; 눅 24:47-49; 요 20:21-23; 행 1:8) 이 가운데서 마태복음 28장은 예수께서 그리스도인들을 향하여 선교를 하라는 지상 최대 명령(The Great Commission)이 담겨 있지요. 곧 모든 민족을 대상으로 세계 선교를 할 때, 세례를 주고 가르치고 선포하라는 것입니다.

"예수께서는 그들에게 가까이 오셔서 이렇게 말씀하셨다. '나는 하늘과 땅의 모든 권한을 받았다. 그러므로 너희는 가서 이 세상 모든 사람들을 내 제자로 삼아 아버지와 아들과 성령의 이름으로 그들에게 세례를 베풀고 내가 너희에게 명한 모든 것을 지키도록 가르쳐라. 내가 세상 끝까지 항상 너희와 함께 있겠다.'" (마 28:18-20)

10 초기 교회의 규모는 어떠했나요?

맨 처음 교회가 탄생할 때 모인 곳은 다락방이었습니다. 마가 요한의 다락방은 약 120명 정도가 모일 수 있었던 한 가정의 공간이었습니다. 그곳에서 성령의 뜨거운 체험을 했던 것입니다.(행 2:1-4) 성령 체험을 한 그리스도인들은 각 처소에 모여서 예배를 드렸습니다. 브리스가, 아굴라 그리고 빌레몬의 집 같은 곳들이 집회의 처소가 되었습니다. 작지만 그 중심에 예수를 머리로 하여 성도가 결속된 교회가 가정에서부터 세워진 것이지요.

집회 장소로서 교회는 바울의 선교를 통해 더욱 활발해졌습니다. 교회를 박해했던 바울은 다메섹 도상에서 예수를 만나 그리스도교로 전향한 후 "성령의 선교사"가 되었습니다. 그는 가는 곳마다 교회를 세웠습니다. 예수를 그리스도로 고백하는 사람들이 한 자리에 모이면, 바울은 바로 거기서 교회를 시작한 것입니다. 이렇게 해서 교회의 모체인 가정교회(home church)가 탄생한 것입니다. 많이 모이면 큰 교회가 되고, 적게 모이면 작은 교회가 된 것입니다.

그러나 그 후 교회는 어떻게 변했습니까? 중세를 거치면서 교회는 고딕 건물로 지어져 웅장함을 나타내 주었습니다. 오늘날도 여전히 교회를 웅장하게 지어 사회에 과시하는 경향이 있습니다. 그러나 중세에 그렇게 찬란했던 교회가 텅텅 비어가고 있는데, 또 다시 대형 교회가 속출하고 있습니다. 교회가 공룡이 될 필요는 없습니다. 작은 교회의 활성화가 시급합니다.

11 초기 교회 이후 제도화된 교회는 어떠했나요?

복음이 팔레스타인 문화권 밖으로 전파되면서 교회는 새로운 도전을 경험하였습니다. 그것은 로마의 정치적 박해와 일반사회 시민들로부터의 오해와 그리스 철학의 공격이었습니다. 로마 제국에서 황제숭배로 인한 기독교에 대한 박해는 그 당시 그리스도인들로 하여금 시대에 굴복하지 않는 투쟁을 위해 영적인 능력을 구하게 했습니다. 이것은 교회의 위기이기도 했지만 한편 성숙의 계기가 되기도 하였습니다.

기원후 313년 콘스탄티누스 대제에 의해 기독교가 공인되고, 기원후 392년 테오도시우스 황제에 의해 기독교가 국교로 정해지자, 이제 교회는 스스로를 바르게 지켜가기 위해 제도화되기 시작하면서 교회를 이끄는 특별한 역할을 담당한 사람들이 나오게 되었습니다. 이들은 처음에 사도교부들로서 사도의 계승자, 말씀의 선도자, 가르치는 교사, 섬기는 봉사자였습니다. 또한 교회 밖을 향하여 기독교의 진리를 변호한 변증가들이기도 하였습니다.

그러나 제도화되어가는 교회는 초기 교회의 성령 충만한 본래의 모습은 약해지고 오히려 시간이 지남에 따라 조금씩 의식화와 형식화되기 시작했습니다. 이러한 추세에 교회를 개혁하고자 하는 열광주의적 몬타누스(Montanus) 운동과 혼합적인 영지주의(gnosticism) 운동 등의 이단 운동이 일어났습니다. 이단에 대처함은 더욱 제도화를 가속화시켰고, 중세에 이르러서는 교회의 권력은 하늘을 치솟았습니다. 그것이 바로 "교황제도"의 등장입니다. 그 당시 교황은 제왕을 능가하는 권력을 가지고 있어서 교황의 승인 없이는 어떠한 제왕도 군림할 수 없었습니다. 이러한 교황제도가 있는 교회를 로마 가톨릭 교회라고 합니다.

제 2 장

교회의 본질

교회 시대는 주님이 재림할 때까지 지속될 것입니다. 주님이 재림하면 교회 시대가 끝나고 성도들은 세마포 옷으로 갈아입고 하느님을 만나는 세마포 시대(계 19:8, 13; 레 16:4)가 될 것이기 때문입니다.
교회는 하느님의 자녀를 낳고 먹이고 기르는 곳입니다. 누구든지 교회를 경시하는 자는 하느님께서 세우신 하느님의 백성들을 업신여기는 것이 되는 것입니다.

교회는 어떻게 세워지나요?(1)

교회라는 명칭이 처음으로 등장한 것은 예수께서 사람들이 예수를 어떻게 생각하느냐는 질문을 제자들에게 했을 때, 그의 제자 중 하나인 베드로가 "선생님은 살아계신 하느님의 아들 그리스도이십니다."(마 16:16)라고 말했을 때입니다. 예수는 그가 고백한 신앙고백에 기초하여 교회를 세우겠다고 했습니다. "잘 들어라. 너는 베드로이다. 내가 이 반석 위에 내 교회(ekklesia)를 세울 터인즉 죽음의 힘도 감히 그것을 누르지 못할 것이다."(마 16:18) 여기서 최초로 교회란 말이 나오게 된 것입니다.

로마 가톨릭 교회는 이 "베드로의 신앙고백"을 근거로 하여 베드로를 제1대 교황으로 정하여 교회의 출발점으로 삼고 있습니다. 여기서 강조점은 신앙고백이 아니라, "베드로"에게 있습니다. 그들은 제1대 교황으로 출발한 로마 가톨릭 교회에게만 에클레시아란 말을 적용시키고 있습니다. 이에 반해 개신교(protestantism)는 로마 가톨릭 교회가 베드로를 내세워 강조하는 것과는 달리 베드로가 말한 "신앙고백"에 강조점을 두어 에클레시아를 적용시키고 있습니다.

에클레시아, 즉 교회란 개신교에서 주장하는 것처럼 예수를 그리스도로, 예수를 하느님의 아들로 고백하는 사람들의 모임에서 비롯된 것입니다. 결코 교회란 로마 가톨릭 교회처럼 하느님의 백성들을 성당에 묶어 교황체제를 만드는 제도 교회로서 교회를 말하지 않습니다. 교회의 본래적인 모습은 그것이 전통과 교리와 조직으로 나타나기 이전 예수 그리스도의 죽으심과 부활이라는 신비적 사건

속에서 하느님의 생명을 경험한 하느님의 백성들의 모임에서 비롯된 것입니다.

 교회는 어떻게 세워지나요?(2)

처음 교회의 형태는 2-3명이 주님의 이름으로 가정에 모인 것을 교회라고 했습니다.

"교회"로 번역되는 헬라어 "에클레시아"(ekklesia)는 "불러낸 것"이라는 여성 명사입니다.(마 9:13; 막 2:17; 눅 5:32) 부르심을 받은 사람들의 그룹을 교회라고 할 수 있습니다. 바울은 교회를 예수 그리스도의 것으로 부르심을 입은 자들, 하느님의 사랑을 입은 자들 그리고 예수 그리스도를 부르는 모든 자들(롬 1:6-7; 고전 1:1-3)이라고 했습니다.

루터는 교회를 하느님의 백성, 그리스도의 몸, 성령의 전이라고 했고, 칼뱅은 선택된 무리, 하느님의 백성이라고 했습니다. 그리고 웨스트민스터 신앙고백 제 25조 1항을 보면 교회란 그리스도를 중심으로 모이는 택함을 받은 모든 사람들을 말하며, 동시에 교회는 그리스도의 신부요, 그의 몸이며, 만물을 충만케 하시는 자 중의 충만이라고 했습니다.(엡 1:10, 22-23, 5:23, 27, 32; 골 1:18)

정리하면 교회란 하느님이 택하시고 부르심을 받아 구원 받고, 하느님의 자녀가 된 사람들이 하느님과 교통하기 위하여 모이는 회중을 말한다고 할 수 있습니다. 다시 말해서 교회란 단순한 집단

(group)이 아니라, 예수 그리스도에게 부름을 받은 공동체(community)이었습니다. 따라서 교회의 기초는 예수 그리스도에 대한 올바른 신앙고백에 있습니다. 베드로의 신앙고백, 즉 "선생님은 살아계신 하나님의 아들 그리스도이십니다."(마 16:18)가 교회 설립의 기초가 됩니다.

03 "주님의 몸"으로서 교회란 무슨 뜻인가요?

예수는 자신의 죽음을 예견하면서 제자들과 최후의 만찬(The Last Supper)을 베풀기 위해서 유월절 전통에 따라서 성찬을 준비시키고 행하셨습니다. 빵을 떼시며, "받아 먹어라, 이것은 내 몸이다." 하셨고, 이어서 포도주 잔을 들어 감사하시고, "이것은 내 피다."고 하시며 나누었습니다.

교회에서 하나님의 진리가 선포되면 그 진리에 의해 사로잡히고 성만찬을 나누면 어느새 그리스도와 함께 연합됩니다. 교회는 하나님의 백성들이 모여서 하나님의 말씀을 듣고, 성만찬을 나누면서 각 구성원은 주님의 몸을 이루는 성만찬 공동체가 됩니다. 교회 안에서는 세상과는 달리 하나님의 말씀을 선포하고 성만찬을 거행하며 세례를 줍니다.

주님의 몸은 십자가에 달리면서 그의 의미가 더욱 분명해집니다. 이제 주님은 십자가 형틀에서 유월절의 어린양이 되어 살을 찢고 피를 쏟음으로써 "새 계약"(new covenant)을 맺습니다. 그것으로 하느님과 인간 사이에 새 계약이 체결된 것입니다. 하느님은 인간을 사랑하고 인간은 하느님의 사랑을 사랑할 수 있는 길이 열린 것입니다.

성서적-신학적 의미에서 교회는 그리스도의 몸입니다.(고전 12:12) 그리스도의 몸을 이루기 위해 교회는 유기적 공동체(organic community)를 형성합니다. 이 공동체의 주님이신 교회의 머리는 그리스도입니다.(엡 1:15-22; 골 1:8; 행 20:28) 다시 말해서 몸과 머리가 하나이어야 하듯이 성도들은 주님과 하나가 되어야 할 것입니다.(고전 12: 27; 엡 1: 22, 5:23; 골 1:18)

04 교회의 성경적 명칭은 어떤 것들인가요?

교회의 본질을 말하기 위해서는 성경이 교회를 어떻게 표현하는가를 보아야 합니다. 그것은 다음과 같은 명칭들에서 그 의미를 찾아볼 수 있을 것입니다.

1) 교회는 하느님의 거룩한 백성들(마 24:24, 31; 막 13:20, 27; 행 9:13; 히 4:9, 11:25; 벧전 2:10) 또는 하느님의 백성들의 모임(신 14:1-2, 15; 빌 3:20)입니다. 초기 교회는 하느님에 의해서 뽑힌 사람들, 즉 거룩한 자들이 교회의 구성원이었습니다. 그래서 그들은 그들의 공동체를 "하느님의 에클레시아" 또는 "그리스도의 에클레시아"라고 했습니다.

2) 교회는 하느님의 집입니다.(딤전 3:15-16; 막 11:17; 출 25:8, 29:43; 시 84:1-10, 137:5-6; 왕상 8:30-9:3)

3) 교회는 그리스도의 몸입니다.(엡 1:18-23, 2:20; 고전 12:12-27; 골 3:17) 교회를 그리스도의 몸으로 사용한 것은 바울에 의해서 나타납니다. 그리스도의 몸의 개념은 하느님의 백성의 특유한 내용을 나타냅니다. 하느님의 백성이 구약성서에서 보여준 하느님의 선택으로부터 출발하여 현재를 나타내는 시간적 개념이라면, 그리스도의 몸은 교회 안에 현존하는 그리스도와 교회의 공간성을 나타냅니다.

4) 교회는 새 예루살렘입니다.(계 3:12, 21:1-4; 갈 4:26; 히 12:18-29)

5) 교회는 성전입니다.(요 2:13-22)

05 보이는 교회와 보이지 않는 교회란 무슨 뜻인가요?

아우구스티누스(Augustinus)는 교회를 보이는 교회(ecclesia visivilis)와 보이지 않는 교회(ecclesia invisivilis) 두 개의 형태로 나누었습니다. 전자를 세상의 교회라고 했고, 후자를 참된 영적 교회, 즉 하느님의 도성(civitas dei)이라고 했습니다.

교회는 건물이 아니라, "하느님의 백성들" 또는 "하느님의 백성들의 모임"이라고 했을 때, 보이는 교회, 즉 가시적 교회는 세상에서 사는 성도들이라고 볼 수 있고, 그리고 보이지 않는 교회, 즉 불가시적 교회는 하나님의 주권 속에 있는 교회를 말합니다.

"나는 교회를 믿습니다."(I believe in the church.)라고 할 때, 그것은 보이는 교회를 보고 비밀로서 보이지 않는 면에 대한 신앙고백입니다. 보이는 교회를 무시하는 무교회주의는 교리적 도케티즘(docetism)을 유발시킵니다. 보이는 교회를 부정하는 것은 19세기 자유주의 신학이 문화 개신교로 되어 그리스도를 잃은 것처럼 교회 없는 삶은 소위 "문화 그리스도인"이 되어 그리스도가 문화 속에 흡수되어 버리는 우를 범할 수 있습니다. 보이는 교회(유형교회) 없이는 보이지 않는 교회(무형교회)를 생각할 수 없기 때문입니다.

교회의 존재는 오직 하나님의 말씀이 바르게 선포되고 성례전이 바르게 이행되는 곳, 거기에 비록 거짓 형제들이 있어도 교회가 있습니다. 불가시적 교회(무형교회)와 가시적 교회(유형교회)를 나누는 이원론적 사고는 교회의 참 의미를 망가뜨리게 됩니다.

06 모이는 교회와 흩어지는 교회의 관계는 어떠한가요?

"모이는 교회란 "하나님의 백성들의 모임"을 말합니다. 하나님의 백성들이 모이면, 기도하고 하나님의 말씀을 읽고 성만찬을 나누며 친교를 합니다. 그런 다음 교회는 세상으로 흩어져 하나님의 말씀을 증거하며 빛과 소금이 됩니다. 그것을 "흩어지는 교회"라고 합니다.

1) 모이는 교회를 헬라어로 "에클레시아"라고 합니다. 이 말은 모인 회중을 의미합니다. 교회의 구체적 생활은 예배를 통해서 이루어집니다. 여기서 회중은 하느님의 말씀을 듣고 하느님께 경배와 찬양과 감사를 드립니다. 교회의 본질은 무엇보다도 하느님 말씀 앞에서 꿇어 엎드려 말씀을 기다리고, 듣고, 고백하는 가운데 있습니다. 교회의 본질은 하느님 말씀에 달려 있습니다. 그리고 모이는 교회는 기독교교육을 통해 더욱 교회의 참 본질을 깨닫게 될 것입니다.

2) 흩어지는 교회를 헬라어로 "디아스포라"라고 합니다. 모이는 교회가 설교와 교육에 집중한다면 흩어지는 교회는 선교와 봉사에 집중합니다. 따라서 건강한 교회가 되기 위해서는 모이는 교회와 흩어지는 교회가 서로 연결되어야 합니다. 모이는 교회 없이 흩어지는 교회란 불가능하기 때문입니다. 다시 말하면 모여서 말씀을 듣고 기도하고 그리고 세상으로 나아가는 교회(going-out church)가 되어 세상을 새롭게 할 수 있어야 합니다.

디아스포라 교회는 전투교회요, 그 전투는 승리의 교회입니다.(딤전 6:11-12) 그리스도의 부활이 그것을 입증해 주었습니다.

07 교회의 본질적 차원은 무엇인가요?

신약성경에 의하면 교회의 과제는 케뤼그마(선포), 코이노니아

(친교), 디아코니아(봉사)로 삼중적입니다. 이 세 가지는 서로 연결되어 있습니다. 하나가 결여되면 다른 것들도 위태로워져서 생동성이 없어지고 경직될 위험에 빠지게 됩니다.

1) 케뤼그마(kerygma)는 "복음의 선포"라는 헬라어입니다. 복음 선포에는 설교와 성례전을 통해 이루어집니다. 예언자들에 의해 약속된 구원, 즉 예수 그리스도의 삶과 죽음 그리고 부활을 선포하고 새로운 삶을 위한 회개를 촉구하는 것입니다. 따라서 선포를 통해 죄에 대한 회개 운동이 일어나 옛 사람이 죽고 새 사람으로 부활하여 영적 성장을 가지게 됩니다.

2) 코이노니아(koinonia)는 "성도간의 친교"를 말하는 헬라어입니다. 복음 안에서 주님의 몸을 이룬 형제자매가 된 이 공동체는 찬양과 기도, 춤과 음악, 성만찬과 세례를 통해서 결속됩니다. 성도는 하느님과의 교제 속에서 서로를 신뢰하고 자신들이 가진 은사들을 나눕니다. 성만찬의 공동체가 코이노니아의 원형이라고 할 수 있습니다. 여기서 교회는 영적 생명력을 가진 유기체가 됩니다.

3) 디아코니아(diakonia)는 세상에서 섬김과 봉사의 의미를 가진 헬라어입니다. 이제 교회는 봉사를 통해 에큐메니컬적으로 확장됩니다. 그 봉사는 믿는 자들만이 아니라, 역경에 처한 이웃들을 찾아 연대성(solidarity)을 가지고 돕는 것입니다. 교회는 지배자가 아니라, 섬기는 자들의 공동체로서 자기를 전적으로 바치는 것이고, 주인을 위해 삶을 희생하는 종과 같습니다.(눅 22:25-27)

08 교회의 직무들은 어떤 것이 있나요?

교회에는, 하나님이 인간에게 주신 최대의 선물인 예수 그리스도가 우리를 죄에서 구원해 준 메시아라는 것을 영원히 변치 않고 확신을 가질 수 있도록 하기 위해 세 가지 직무가 있습니다. 즉 선지자직, 제사장직 그리고 왕직이 있습니다.

1) 선지자직은 교리권과 관계를 가집니다. 교회는 하나님의 말씀을 선포하고, 이단 사상의 공격으로부터 대항하기 위해 성경에 근거한 신조와 신앙고백서를 가지고 있습니다.(고전 15:2; 딤전 1:20; 딤후 2:17-18)

2) 제사장직은 사역권을 말합니다. 교회는 말씀과 기도와 위로를 통해 서로를 돕고 가난한 자들을 구제하고, 병자를 돌보는 일을 통해서 사역을 합니다. 교회는 현실에서 눌린 자, 빼앗기고, 저주받고, 추방 당한 자, 성서시대로 말하자면 세리와 죄인의 대변자 즉 한의 사제가 되어야 합니다.(고전 12:9, 12:30; 고후 9:9)

3) 왕직은 치리권을 말합니다. 교회는 교회의 헌법과 규율을 가지고 교회의 질서와 순결을 유지할 수 있어야 합니다. 이단과 범죄자들이 교회의 순수성을 해칠 때 교회는 치리권을 행사할 수 있는 것입니다.(마 17:17-18; 요 20:23; 살후 3:14)

교회는 어떤 정치형태를 취하고 있나요?

처음 교회제도는 사도 교부 로마의 클레멘트에 의한 사도적 계승과 안디옥의 이그나티우스에 의한 군주적 감독제로 나타났습니다. 그러나 세월이 지남에 따라 초기 교회는 이 둘이 결합한 형태, 즉 교회는 사도들에 의해서 세워졌으며, 교회의 감독은 사도를 계승한 감독으로 생각하게 되었습니다.(빌 2:1-1; 행 20:28)

교회는 교파에 따라 세 가지 정치 형태, 즉 감독정치, 장로정치 그리고 회중정치로 나누어볼 수 있습니다.

1) 감독정치에는 교황제도를 가지고 있는 로마 가톨릭 교회가 있고, 주교제도를 둔 교회로서는 동방정교회, 성공회 그리고 감리교회가 있습니다.

2) 장로정치에는 교회의 치리를 장로가 맡는다는 의미에서 시작되었습니다. 목회자는 말씀 전파에만 주력하고 장로는 교회의 행정을 수행하는 것으로 나누었습니다. 원래 이 제도는 민주국가의 "대의 민주정치"를 본받은 것입니다. 여기에 속한 교회는 이름 그대로 장로교회가 있습니다.

3) 회중정치에는 교회의 계급적인 요소를 떠나서 개교회 중심의 교회 체재 방식을 말합니다. 여기에 속한 교회로는 침례교회가 그 예가 될 수 있습니다.

조직체로서 교회는 전도와 목회와 행정이 보다 원활하도록 하기 위한 제도라고 할 수 있을 것입니다.

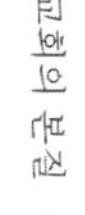

10 우리가 "교회를 믿습니다" 할 때, 그때 교회란 무엇인가요?

여기서 교회란 "하나의, 거룩한, 보편적 그리고 사도의 교회"를 말합니다.

1) 하나의 교회(una ecclesia), 즉 교회의 통일성(unity)을 말하는 성서의 고전적 근거로는 주 안에서 교회의 단합과 통일을 권면(고전 1:10-31), 주 안에서 한 몸(갈 3:28-29; 고전 12장; 롬 12:3-8), 믿는 자들은 하나(창 2:42; 요 10:16; 17:20-26; 18:20-26; 행 4:32; 엡 4:2-6) 등이 있습니다.

2) 거룩한 교회(sancta ecclesia), 즉 교회의 거룩성(holiness)을 말하는 성서의 고전적 근거로는 "주님의 몸으로서 거룩한 교회"(엡 5:27), "거룩한 사람들의 공동체"(고전 14:34; 롬 1:7; 엡1:4; 골 1:22; 고전 1:2)이 있습니다. 여기서 교회는 신자들의 도덕적 삶이나 도덕적 행위에 있지 않습니다.(요일 1:8; 롬 3:10) 오히려 거룩한 하느님이 인간을 거룩하게 합니다.(출 15:11-13; 사 6:3)

3) 보편적 교회(catholica ecclesia), 즉 교회의 보편성(universality)을 말하는 성서의 고전적 근거로는 보편의 의미(행 4:8), 예수 그리스도가 계신 곳(엡 1:23), 우주성(갈 3:28), 모든 사람(사 40:4-5), 당파성적 보편성(고전 1:27-28), 모두 한 몸(갈 3:23-29)이 있습니다.

4) 사도의 교회(apostolica ecclesia), 즉 교회의 사도성(apostleship)을 말하는 성서의 고전적 근거로는 12사도(마 10:12; 막 6:20), 하나님의 사자(행 13:3 이하), 교회의 파송을 받은 자(행

14:4), 권능을 받은 자(요 13:36), 선교사(행 2:2)와 그리스도(히 3:1)가 있습니다.

11 "나는 하나의 교회를 믿습니다"는 무엇을 뜻하나요?

주님의 교회는 하나의 통일성(unity)을 가지고 있어야 합니다.(엡 1:22-23, 5:23) 교회는 주의 몸으로 교회의 머리 되신 그리스도의 통치를 받으며, 오직 한 분 성령의 활동하심으로 생명력을 지닙니다. 교회의 구성원은 오직 한 분 그리스도를 신앙하며, 한 주님으로 말미암아 서로가 서로에게 결속되며 동일한 미래의 영광스러운 소망을 품게 됩니다.

교회의 통일성은 다양성 안에 있는 통일성(unity in the diversity)을 말합니다. 여러 지역에 흩어져 있는 교회들은 각각 그 자신의 지역적 문화적 특색을 가지는 동시에 그 자신의 신앙적, 공동체적 특색을 가지고 있습니다. 각 교회는 다양한 공동체 질서와 예배형식과 친교와 봉사활동을 할 수 있을 것입니다. 따라서 문제는 교회의 다양성에 있는 것이 아니라, 이 다양성을 인정하지 않으려는 편협성에 있습니다. 지상에 있는 어떤 교회도 그리스도의 교회와 동일시할 수 없습니다. 따라서 교회 일치와 연합의 기준은 각 교회의 전통이나 교리가 아니라, 하느님 나라에 대한 "기쁜 소식"이어야 합니다.

나아가서 교회의 통일성은 단순히 구조적 통일성이 아니라, 하느님과의 관계, 교회들과의 관계, 그리고 이 세계와의 관계 속에서 제시되어야 합니다. 통일성을 이끌어나가는 데에 있어서 주변부로 밀려난 자들에 대한 사귐은 필수적입니다. 주께서 죽으심으로 둘을 한 몸으로 만드셨습니다.(엡 2:16) 이와 같이 교회는 한 하느님, 한 주님, 한 세례, 한 성만찬, 한 믿음, 한 희망을 고백하는 것으로 통일성을 가집니다.

12 "나는 거룩한 교회를 믿습니다"는 무엇을 뜻하나요?

교회는 이 세계로부터 구분되는 하느님의 통치 영역으로 거룩(holy)합니다.(요 4:24; 마 28:19-20) 교회는 세계의 한 부분이 아니라, 하느님의 새로운 세계의 현실이요, 앞으로 일어날 것에 대한 전조이며, 앞당겨 일어난 사건입니다. 그러므로 교회는 세계 안에 있지만 동시에 세계를 벗어나 있습니다. 그것은 이 세계의 통치 영역이 아니라, 그리스도의 통치 영역에 속합니다. 달리 말하면 교회는 이 인간의 죄를 예수의 십자가 안에서 심판하시고, 용서를 선언하셨기 때문에 거룩합니다. 이때 교회는 세계와 죄로부터 분리된 하느님의 성도이며 성전입니다.

그러나 현실의 교회는 어떠한가요? 교회는 결국 그 사회의 일부가 되어버린 죄 된 교회, 속된 교회가 아닌가요? 교회의 분열, 세상과의 타협, 불의에 대한 침묵, 세상의 고난 받는 사람들에 대한 무관심, 교직자들 사이에 일어나는 파벌 싸움과 이권다툼, 신자들의 갖가지 죄스러운 행위들, 교회의 역사적 범죄들을 보면서 교회는 거룩한 교회가 아니라 "죄인들의 공동체"가 아닌가 하고 스스로 질문하게 됩니다.

교회의 거룩성은 하나님의 영광이 사라지고 피조물들이 신음하는 세계 속에서 자기를 분리시키고 자기만의 영역 안에서 자기를 깨끗하게 지키는 데 있는 것이 아니라, 예수의 뒤를 따르는 제자직에 있습니다. 그것은 교회의 정치적 책임을 말합니다. 교회는 구조악으로 말미암아 생성되는 문제들을 뒤처리해주는 기능만을 행사할 것이 아니라, 하나님의 정의를 세우는 일에 총력을 다해야 할 것입니다. 교회의 거룩성은 교회 자체에 있지 않고 사명과 실천에 있습니다.

13 "나는 가톨릭 교회를 믿습니다"는 무엇을 뜻하나요?

여기서 가톨릭은 "보편적"(universal)이라는 의미를 말합니다.(골 3:11) 보편적이라는 말은 부족한 것이 없는 것으로 "전체적이며", "완전한 것"을 말합니다. 교회의 보편성은 민족, 문화, 전통뿐만 아니라, 사회적 계급, 상이한 연령층, 소외된 자들을 포용하는 우주성을 요청합니다. 하나님의 보편적 관심은 뜻이 하늘에서 이루어진 것같이 땅위에서도 그의 나라와 그의 의가 이루어지는 데에 있습니다.

그러나 교회는 기독교적 세계국가나 하나의 기독교 세계사회를 세움으로써 하나님 나라의 보편성을 실현하려는 제국주의적 환상을 버려야 합니다. 이러한 의미에서 그리스도교적 보편주의는 기독교도로 하여금 지배하는 종교로서 자기의 세력을 자랑하는 종교가 아니라, 섬기는 종교여야 합니다.

교회의 보편성은 전체적인 것이 깨어져 있는 세계적 상황 속에서 버려진 자들의 상실된 가치를 회복함으로써 전체적인 것과 관계에서 이루어집니다. 예를 들면 100마리의 양 중 1마리가 길을 잃고 헤맬 때, 목자가 잃은 양 한 마리에 대해 관심을 가지는 것이 건강한 교회의 보편성을 가지는 것이 될 것입니다.

14 "나는 사도의 교회를 믿습니다"는 무엇을 뜻하나요?

여기서 "사도"(apostle)라는 말은 "보냄을 받은 자", "메신저"를 뜻합니다. 교회는 사도들의 증언을 통해서 그리스도에 대한 믿음을 갖게 되었습니다. 따라서 사도들 없이는 우리는 그리스도를 알 수 없었고 그리고 그를 믿을 수도 없었습니다.

그러므로 참 교회는 사도들의 증언에 기초하는 교회 그리고 사도들과 연속성을 가진 교회를 말합니다. 제자들이 사도로 세워진 것은 사도성 자체가 아니라, 하느님 나라의 기쁜 소식을 선포할 사명을 부여함으로써 이루어진 것입니다.(막 16:15)

따라서 사도의 교회는 자기 자신을 포기하고 예수의 뒤를 따랐던 "사도들의 뒤를 따르는 교회"를 말합니다. 이런 의미에서 교회는 "생명의 전위대"라고 할 수 있습니다. 온 세계와 인류를 향하여 파송된 사도들은 이 세계의 영광스러운 존재들로 나타나지 않고 이 세계에 대하여 종의 형태를 취하였습니다.(갈 6:14; 고전 4:13; 빌 2:7)

사도성의 계승은 예수의 수제자 베드로부터 승계받고 있습니다. 이것에 대하여 로마 가톨릭 교회는 베드로를 제1대 교황으로 세웠습니다. 이에 반해 종교개혁자들은 교직자의 법적 승계나 교회의 전통이 참 교회의 보장이 될 수 없다고 했습니다. 오직 참 교회는 복음이 순수하게 선포되고 성례전(세례, 성만찬)이 바르게 집행되는 거기에 있다고 한 것입니다. 따라서 베드로 자신이 아니라, 베드로가 한 신앙고백이 교회의 근거라고 본 것입니다.

제 3 장

성만찬

설교가 보이지 않는 말씀이라면, 성만찬은 보이는 말씀입니다. 청각 중심의 설교의 한계는 시각 중심의 성만찬을 통해서 교회의 신비를 경험할 수 있을 것입니다. "이것은 내 몸이다. 이것은 내 피다. 이것을 먹고 마시면서 나를 기억하라." 이것은 성령의 역사 속에서 신자와 십자가에 못 박힌 주, 가시적 교회와 불가시적 교회의 영적 교류를 가능케 합니다.

초기 교회의 성찬은 어떤 형태였나요?

주의 성찬에 대한 하나의 중요한 성서적 진술은 "그리스도의 살을 먹고 피를 마신다"는 요한복음 6:53-56의 표현입니다. 이 용어는 요한에서부터 시작하여 요한의 제자인 이그나티우스(Ignatius)를 비롯한 초기 교부들에게 이어졌습니다. 그는 성찬의 떡과 포도주를 "그리스도의 몸과 피"라고 했습니다. 또한 그것은 예수 그리스도 안에서 영원토록 살게 하는 "불멸의 약", "죽음을 막는 해독제"라고 하였습니다.

저스틴(Justin Mar.)은 성찬의 떡과 포도주는 예수께서 행하신 기도의 말씀으로 축복을 받은 식물로서 바로 육이 되신 예수의 몸과 피와 같은 것이며, 우리의 몸과 피를 양육해 주시는 것이라고 했습니다. 이 말은 신적 로고스가 화육하신 것처럼 떡과 포도주 안에서 신비적으로 임재한다고 본 것입니다.

이레나에우스(Irenaeus)도 성찬을 떡과 포도주로 드리는 희생 제물이라고 하였습니다. 그는 교회의 기도를 통하여 성령이 로고스를 떡과 포도주에 결합시키므로 이제 성찬은 그리스도의 몸과 피로 만들어진다는 입장이었습니다. 따라서 그의 주장에 따르면, "우리의 육체는 성찬을 통하여 우리 주의 몸과 피로 만든다."는 것입니다.

12사도의 교훈집 『디다케』에서도 성찬을 가리켜 "영생의 영적 양식"이라고 하여 떡과 포도주가 신성한 것으로 변한다는 점에 역점을 두었습니다. 그래서 성찬에 참여하는 자는 모두가 신성한 주님의 한 몸을 이루게 된다고 했습니다.

02 성찬의 신학적 의미는 무엇인가요?

성찬은 그리스도인의 영적 경험의 정점을 이루게 하는 하느님의 말씀입니다. 그러나 어떻게 그리스도의 실제인 그 "보이는 말씀"이 우리에게 현실이 될까요? 어떻게 물질 자체가 하느님의 말씀이 될까요? 여기서 칼뱅은 "유한은 무한을 받아들일 수 없다"는 개혁교회의 신앙원리를 적용합니다. 인간은 스스로 그리스도를 받아들이지 못합니다. 여기에 다리가 필요합니다. 그 다리가 성령입니다. 그리스도의 영을 통해서 다리가 놓아진 것입니다. 하느님의 말씀과의 관계 속에서 성령이 역사하심으로 물질적 의식이 성례전(sacrament)이 되는 것입니다.

성찬이 우리에게 그리스도의 몸과 피로 임하는 것은 성령의 역사입니다. 그리스도의 영이 먼저 그 연합을 창조합니다. 그는 성령이 우리를 그리스도와 결합시키는 "결합의 끈"이라고 했습니다. 그리스도가 성령을 통해서 우리에게 이르는 길을 열고 우리의 마음 안으로 들어오십니다. 성령은 말씀의 선포와 성찬식을 통하여 우리를 그리스도와 연합하게 하십니다. 그러므로 우리는 성령 안에서 영적으로 임재하는 성찬을 통하여 그리스도의 참 몸과 피에 참여하게 되는 것입니다.

그러므로 성찬에 놓여진 빵과 포도주는 단순한 물질이 아니라, 참가자 자신들을 위하여 찢기시고 흘리신 주님의 살과 피의 재현으로써 성례를 경험하게 되는 것입니다. 따라서 성찬에서 예수의 희생은 구원의 과업을 이루기 위한 구속 사건으로 이해되어야 하는 것입니다.

성만찬은 우리 인간들을 위해 하나밖에 없는 독생자 예수를 십자가에 달려 죽이기까지 하신 하나님의 사랑의 증거입니다.

 성찬의 명칭들은 무엇이 있나요?

1) 최후의 만찬(last supper). 성찬의 모든 명칭들은 예수께서 잡히시기 전날 밤에 가지셨던 성찬에서 비롯되었습니다. 그는 유월절 만찬(passover supper 또는 passover meal)을 제자들과 마지막으로 가지신 것입니다. 이 마지막 성찬을 최후의 만찬이라고 일컬었습니다.

2) "주의 만찬"(Lord's Supper). 이 명칭은 예루살렘을 중심으로 사도들의 모임에서 예배 시에 "떡을 뗄 때마다"라는 표현 속에서, 특히 바울이 "내가 너희에게 받은 것은 주께 받은 것이니"(고전 11:23)라는 전승적 표현이 근거가 됩니다.

3) "유카리스트"(eucharist). 이 이름은 원래 그리스어에서 그 유래를 갖고 있는 것으로서 단순히 음식물에 대한 감사가 아니라, 그리스도의 살과 피에 대한 감격적 은총을 경험하고 참여하는 데서 오는 감사의 신앙을 표현하는 것이었습니다. 이 표현은 주후 2세기에 성찬을 가리키는 명칭으로 사용되기 시작하여 이그나티우스(Ignatius)에 이르러 보편적인 명칭이 되었습니다. 현재 가톨릭교에서는 "성체 성사"(eucharist)라는 명칭을 사용하고 있으나 성찬에 대한 입장이 "화체설"로 머물러 있다는 것이 문제로 남아 있습니다.

4) "희생의 봉헌"(sacrifice's offering). 예수께서 제자들과 나눈 음식은 바로 주님의 몸이 제단의 양과 같이 바쳐졌다는 의미에서 구약의 "희생의 봉헌" 또는 "희생의 제물"로 일컬어졌습니다. 주의해야 할 것은 예수의 희생은 구약의 희생 개념과는 다릅니다. 골고다에서 일어난 "단 한 번"(once for all)의 희생은 모든 세대를 위하여 유효한 것입니다.

04 "보이는 말씀"인 빵과 포도주가 우리에게 주는 의미는 무엇인가요?

첫째, 빵과 포도주의 물질적 의미를 생각합니다. 그것은 우리의 양식입니다. 우리는 그것을 먹고 마시므로 생명을 유지하고 생활의 활력을 얻어 기쁨과 감사의 생활을 하면서 살아갑니다. 따라서 성찬을 먹고 마시는 자는 배고픔이 없는 그 세계를 위해 나아가야 합니다. 우리는 그 공동체를 "밥상 공동체"라고 부릅니다.

둘째, 그러나 그 말씀을 준 "삶의 자리"가 예수께서 제자들과 지상에서 삶을 고별하는 "최후의 만찬"의 자리였다는 것을 감안한다면, 그것은 단순히 먹고 마시는 것을 넘어선 그 이상의 자리였습니다. 예수께서는 "마치 도살장으로 끌려가는 어린양처럼" 장차 무엇이 일어날지를 아셨습니다. 그것은 십자가의 "희생"이었습니다. 따라서 성찬을 먹고 마시는 자는 새 시대를 열기 위해 자기희생의 각오가 있어야 합니다.

셋째, 주님께서 마지막 만찬에서 "이것은 내 몸이다. 이것은 내 피다. 이것을 먹고 마셔라"는 말씀 속에서 우리는 "떡과 포도주"를 보고 "말씀"을 명상할 수 있습니다. 설교가 "보이지 않는 말씀"이라면, 성찬은 "보이는 말씀"으로 직접 맛보고 접할 수 있는 "은총의 신비"로 주님과 "깊은 사귐"을 갖게 합니다.

넷째, 성찬을 나눈 사람들은 모두가 주님의 몸을 이루는 구성원들입니다. 그 공동체는 하느님과 이웃과 세계와 자연 속에서 그 지평을 확대해 나아갑니다. 따라서 성찬의 바른 실행은 예배와 교회 갱신은 물론 "교회 일치"의 의미를 가지게 합니다.

다섯째, 성만찬 공동체의 구성원들은 주의 성찬 속에서 "이미" 하느님 나라가 태동했다는 소식과 함께 매진합니다. 이제 성만찬 공동체를 세우신 성령은 우리로 하여금 새 일을 시작토록 역사하십니다. 그것은 "나를 따르라"는 주님의 명령인 것입니다.

05 성만찬은 얼마나 자주 하는 것이 좋은가요?

성만찬은 교회에 따라 횟수가 다릅니다. 동방교회나 로마 가톨릭 교회는 미사 때마다 합니다. 그러나 개신교에서는 매달 첫 주일마다 하거나, 4개월마다 하기도 하고, 혹은 일 년에 봄과 가을 두 차례만을 거행하기도 합니다.

개신교에서 성만찬을 중요시하지 않는 것은 루터, 칼뱅, 츠빙

글리 같은 개혁자들의 로마 가톨릭에 대한 반발에서 비롯되었다고 볼 수 있습니다. 이들은 한결같이 설교를 성만찬의 우위에 둠으로써 가치를 하락시켰습니다. 그것은 설교를 위한 보조수단 정도로 여겼습니다. 개혁자들이 성만찬을 중요하지 않았던 것은 로마 가톨릭 교회가 화체설을 주장한 나머지 "빵과 포도주"가 실제로 그리스도의 "살과 피"로 변하여 마술적 효과를 생각하여 미신적으로 행하고 있다고 보았기 때문입니다.

문제는 성만찬을 소홀히 하고 설교만을 강조함으로써 설교가 복음에서 멀리 떠나 강연으로 변질되어가고 있다는 데 큰 문제가 있습니다. 성만찬은 보이는 말씀으로서 설교보다 그 가치가 적지 않습니다. 그러면 성경에는 그 횟수에 대해서 어떻게 말하고 있는가를 봅시다. 모일 때마다 나를 기념하라는 구절에서 모일 때가 언제일까라는 해석에서 차이는 보일 수 있으나 사도행전 20:7에 근거하면 매 주일 모이는 예배로 보는 데 큰 무리가 없습니다. 우리는 떡이나 포도주의 변화나 의미는 다 알 수 없지만 매 주일 성만찬의 시행과 참여를 통해 주님의 임재를 체험하고 증거하는 일이 균형 잡힌 선포라고 봅니다.

06 성만찬의 상징적 의미와 오병이어

주님이 유월절 만찬 대신에 행하신 최후의 만찬인 성만찬의 제정은 하느님 나라에서 있을 잔치를 기대하며 극적인 방식으로 표현한 것이라고 할 수 있습니다. 주님은 사역 기간 동안 하느님 나라의 의미와 성취를 설명하면서 종종 잔치를 비유하여 설명하곤 했습니다.(눅 5:34, 6:21, 13:29-30, 14:16-24, 22:15-18) 특히 그가 행한 오병이어의 기적의 사건은 성만찬의 의미와 결부해서 생각하면 새로운 의미를 줍니다.

주님이 베푸신 오병이어의 기적(눅 9:12-17)은 최후의 만찬 이전에 행한 백성들을 위한 연회와도 같은 것으로서 다음과 같은 두 가지 의미를 가지고 있습니다.

첫째, 오병이어 사건의 의의는 성도들이 장차 하늘나라에서 맛보게 될 메시아 잔치에 대한 예표로서 주님이 제정하신 성만찬 사건과도 연결됩니다.(눅 22:14-20) 따라서 성만찬은 하느님 나라에서 있을 잔치를 미리 맛보는 소중한 예식입니다. 달리 말하면 주일이 안식일 의미를 계승한 것처럼 성만찬(Eucharist)은 장차 성도들이 하늘나라에서 주님과 함께 참여할 메시아 잔치를 미리 맛보는 천상적 사건입니다.

둘째, 이 잔치의 사건은 굶주린 유대 백성들에 대한 사랑의 표현으로서 주님이 인류의 죄를 담당하기 위해 오신 영혼의 구주일 뿐만 아니라, 동시에 육체적 삶도 돌보신다는 의미를 주어 전인적 구원, 영육이 함께 어우러지는 통전적 구원을 생각할 수 있습니다. 그는 귀신을 쫓아내시며 병든 자를 치유하며 배고픈 자들을 먹이시는 분이십니다.(눅 6:17-19; 마 4:23-25)

07 성만찬의 코이노니아의 의미는 어떤가요?

성만찬을 통한 코이노니아(koinonia, 친교)는 십자가에 죽으셨다가 부활한 그리스도를 믿는 모든 사람의 공동의 삶(common life)과 관계를 가지는 것입니다.

먹고 마시는 성만찬의 친교는 예수의 하느님 나라 전파에서 매우 중요한 자리에 있었습니다. 초기 교회에서 성만찬은 애찬 형식으로 가난한 사람들과 과부 등을 위하여 음식물을 나누는 사랑의 친교요, 잔치였습니다. 그것은 구원 받은 자의 기쁨이 감사, 찬양, 헌신으로 나타난 것입니다. 마찬가지로 성찬도 유월절 식사와 관련해서 일어난 축제의 잔치였습니다. 십자가에 달리시고 부활하신 그분이 그를 바라고 기다리는 사람들과 사귐(koinonia/fellowship)을 가지기 때문에 성만찬은 "희망의 성찬"이 된다고 할 수 있습니다.

예수께서 만찬을 제자들과 하시면서 "잘 들어 두어라. 하느님 나라에서 새 포도주를 마실 때 그날까지 나는 결코 포도로 빚은 것을 마시지 않겠다."(막 14:25)고 최후적으로 말씀하셨습니다. 예수는 여기서 성례전을 제정하셨습니다. 따라서 성례전을 통한 식사는 지금까지 함께 나누었던 식사와는 성격을 달리합니다. 이제부터 시작하는 공동식사는 성례가 된다는 것입니다. 그것은 하느님 나라의 공동체를 세워 나아가는 원동력이 된다는 말입니다. 따라서 성만찬의 의미는 하느님 나라의 운동과 관련을 맺고 있습니다. 그것은 성만찬이라는 코이노니아를 통해 메시아적 종말론적 삶을 실현해 나아가는 것이 될 것입니다.

08 성만찬 논쟁이란 무엇인가요?

성만찬 논쟁은 로마 가톨릭 교회가 주장하는 화체설부터 시작됩니다. 이 사상은 9세기 파스카이우드 라드베르투스가 처음 말한 후 1215년 라테란 회의에서 인정, 1551년 트랜트 회의에서 재확인되어 가톨릭 교회의 교리로 채택되었습니다.

이에 대해 종교개혁자들은 루터의 축도 후 빵과 포도주에 주님의 살과 피가 함께 공존한다는 공재설과, 그에 반대해서 성만찬은 주님의 죽으심과 다시 오심을 기념한다는 츠빙글리의 기념설로 심각한 대립이 있다가 주님의 몸이 축도시 영적으로 임재한다는 칼뱅의 영적 임재설 등으로 각각 서로 다른 견해를 가지게 되었고 그리고 그 다른 견해는 교파가 갈리는 입장까지 이르게 되었습니다.

성만찬의 교리 중 그 어떤 것도 증명될 수 있는 것은 아닙니다. 개신교가 분열된 지 460여 년 만인 1982년 페루의 리마에서 세계교회협의회 신앙과 직제 위원회 전체 회의에서 성만찬의 의미가 심도 있게 논의된 "리마 문서", 즉 BEM(Baptism Eucharist Ministry) 문서가 발표됨으로써 성만찬의 의미는 일치에 이르게 되었습니다.

성만찬의 떡이나 포도주가 어떤 변화를 하는지는 인간이 증명할 수 없지만 우리 주님께서 제정하신 그 의미는 성서에서 찾을 수 있었습니다. 그 내용은 하느님 아버지에 대한 감사, 그리스도에 대한 기념, 성령의 임재, 그리스도인의 친교, 하느님 나라의 잔치 등 5가지로 일치에 가까이 이르게 되었습니다.

제 2 부

교회와 사회

사데 교회

교회는 이 세계의 기둥이어야 합니다.
참 교회가 있는 곳에 사회도 희망이 있습니다.

제 4 장

교회 개혁

기독교는 종교 형식으로 머물러서는 안 됩니다. 루터가 중세 교회에 항거하면서 개혁을 단행했던 것은 교회가 종교가 되어버렸기 때문입니다. 새 술은 새 부대에! 살아 있는 교회는 개혁하는 교회입니다.

성 요한 교회

제도권 교회의 벽을 허문다!

몇 해 전부터인가 공공건물의 벽을 허물어 그곳을 지나는 시민들을 기쁘게 해주고 있습니다. 요즈음은 콘크리트 벽 대신에 꽃과 나무를 심어, 보는 사람으로 하여금 마음을 상쾌하게 하기까지 합니다.

마찬가지로 교회와 교회, 교파와 교파간의 벽을 허문다면 교회가 얼마나 아름다워질까? 이로 인해 사회는 또 얼마나 아름다워질까? 교회와 사회, 사회와 교회 모두가 아름다워지는 것을 보는 사람들은 얼마나 행복할까!

교회 이기주의, 교파 이기주의로 얼룩진 교회와 교파를 향해 주님은 "이 교회를 헐라!" 그리고 "이 교파의 벽을 헐라!"고 하는 것 같습니다.

교회 개혁은 "새 술은 새 부대에!"라는 주님의 말을 듣고 교회주의의 벽, 교파주의의 벽을 허물고, 교회의 본질이 무엇인가를 근본적으로 숙고하면서 방향을 세우고 실천할 때 나타납니다.

지금까지 교회는 자신의 아성을 지키기 위한 교회주의적 편협한 사고에서 오랫동안 머물렀습니다. "나의 교회", "나의 교파"의 강조는 교회의 게토화(ghetto)를 만들었고, 그리고 그것은 교회 개혁을 어렵게 만들었습니다.

제도권 교회와 교파가 방향을 바꿀 수 있는 것은 계속해서 교회주의와 교파주의 트랙을 따라 움직이며 가던 기차에서 내려야 합니다. 교회와 교파는 모두가 그리스도의 몸이요, 하느님의 가족입니다. 이것을 위해 벽을 허무는 결단이 필요합니다. 누가 할 것입니까?

교회 개혁이란 무엇을 말하나요?

교회 개혁은 교회의 본질을 찾는 것이요, 초기 교회로 돌아가는 운동이요, 종교개혁에서 개혁 정신을 본받는 것입니다. 20세기 하느님 말씀의 신학자 칼 바르트는 교회 개혁의 출발점을 하느님 말씀에 두었습니다.

1) 교회 개혁은 하느님의 말씀을 듣는 곳에서부터 일어납니다. 인간의 프로그램이나 행사 속에서 일어나는 것이 아니라, 오직 하느님의 말씀을 읽고 들음으로써 교회 개혁이 시작됩니다. 하느님의 말씀을 아침부터 시작하여 정오까지 읽으면 심령의 변화가 일어납니다.

2) 교회 개혁은 교회의 본질인 예수 그리스도와 관계할 때 이루어집니다. 예수 그리스도는 교회의 머리이기 때문입니다.

3) 교회 개혁은 하느님 나라(Kingdom of God) 운동과 관련해서 시작됩니다. 교회 개혁은 이 세상과는 다른 하느님 나라의 운동을 펼칠 때 교회가 되는 것입니다.

4) 교회 개혁은 십자가 아래서 시작됩니다. 십자가는 너와 나를 구원하는 의미를 가지고 있습니다. 여기서 구원은 영과 육을 전체로서 이해합니다. "이 세상에서 눌린 사람이 하나라도 있는 한 내 마음은 편치 않다."는 마르틴 루터 킹 목사의 말은 교회가 관심을 가지고 실천해야 할 내용이기도 합니다.

5) 교회 개혁은 보이는 유형의 교회가 개혁되어야 할 죄인들의 공동체라는 데 있습니다. 회개하시오. 어른들이 담배 피우면서 아이들한테 마약하지 말라고 합니다. 정리하시오!

03 루터의 교회 개혁의 모토는 무엇이었나요?

마르틴 루터(M. Luther)가 중세 로마 가톨릭 교회에 대해 항거(protest)하고 나온 것은 교회가 이미 종교(religion)가 되어버렸기 때문입니다. 그는 예수 그리스도 안에 나타난 복음이 중세 로마 가톨릭 교회라는 종교로 변질되어 행함, 업적, 공로 사상 강조 등으로 인한 업적주의, 공로주의로 변질되고 있는 것을 간파했습니다. 그는 당시 교황과 거기에 편승한 제도권 교회가 신의 이름을 가지고 인간을 노예로 전락시키고 있다는 것을 보고 복음의 자유를 부르짖은 것입니다.

루터는 가톨릭 당시 1000여 년 동안 이어온 로마 가톨릭 교회의 신부였지만 그는 달리는 소위 가톨릭 교회라는 기차에서 내려서 그 기차를 운행하는 교황과 거기에 편승하여 함께 종교로서 가톨릭 교회를 옹호하는 자들에게 정면으로 대결한 것입니다. 그가 그들에게 그렇게, 말하자면 가톨릭 교회를 버릴 만큼 강하게 대결할 수 있었던 것은 복음의 힘이었습니다.(롬 1:16-17) 그는 오직 성서(sola scriptura), 오직 신앙(sola fide), 오직 은총(sola gratia), 오직 그리스도(solus Christus)를 모토로 삼아 개혁을 단행한 것입니다.

따라서 루터가 본 것은 교황이 섬기는 종이 아니라, 왕과 제사장이 되어 군림하여 이미 제도화되고 종교로 변질된 그 당시 로마 가톨릭 교회를 본 것입니다. 그는 그것을 보고 비판을 가했고 그것은 교회개혁(Reformation)의 시작을 말한 것이었습니다. 이와 같이 참 교회가 되기 위해서는 종교개혁자들이 언급했던 개혁정신이 살아 있을 때입니다. 지금 우리는 개혁자들이 외쳤던 "교회는 항상 개혁되어야 한다."(ecclesia semper reformanda)는 소리를 들어야 할 때라고 봅니다.

04 루터의 면죄부 판매 거부와 교회의 자본주의적 병폐를 어떻게 생각하세요?

"면죄부를 구입함으로써 행복해지리라고 생각하는 것은 그릇된 신앙이다." 이 말은 로마 가톨릭 교회의 수도사이던 마르틴 루터의 말입니다. 가톨릭 교회에서 면죄부는 천국과 지옥 사이에 있는 죽은 자가 하느님의 심판을 받기 전에 지상에서 보상하지 못한 죄를 사함받기 위해서 돕는다고 선전했습니다. 면죄부를 돈을 주고 구입함으로써 속죄가 가능해진다는 편리한 생각이 교회를 더욱 병들게 한 것입니다.

오늘의 교회가 자본주의적 사고에 깊숙이 들어와 있다면 오늘의 루터가 필요하지 않을까요? 오늘의 면죄부는 "헌금"이 아닌가 생각해 볼 수 있을 겁니다. 하느님께 헌금을 한다는 것이 신학적으로 어떤 의미를 가질까요? 하느님께 드리는 제물은 내가 드리는 것이 아니라, 그리스도가 십자에 달리시므로 나 대신에 드려진 것입니다. 따라서 하느님께 드린다는 명분이 없어졌습니다.

이제 헌금은 복음 전파를 위해서 그리고 구제를 위해서 연보 형식으로 드리는 것이 보다 성경적이 아닐까요?(행 11:27-30; 롬 15:25-26; 고후 9:5, 7; 몬 14) 모금의 성격을 띤 연보는 예루살렘 교

회와 이방인 교회 사이의 벽을 허무는 좋은 역할을 했습니다.(고후 9:12; 롬 5:27)

05 보수와 개혁의 의미가 같은 것인가요?(1)

보수적 성향의 한국 기독교는 16세기 개혁자들과 그 뒤를 이은 17세기 정통주의자들에 의해서 완성된 그 신학과 신앙을 보수하는 것이 개혁신학과 개혁신앙으로 보고 있습니다.

그러나 이것은 "개혁하는 교회"가 아니라, 이미 과거에 이루어진 정형화되고 교리화된 "개혁된 교회"를 수정 없이 답습한다는 것이 되고 있는 것입니다. 이 결과 대부분 한국의 개혁보수정통 교회들이 "개혁"이라는 이름에도 불구하고 개혁적이지 못하고 보수 수구적 상태에 머물게 된 것입니다. 이미 과거에 "완성된 개혁"이란 오늘의 신앙의 삶의 현장들을 다스릴 수 없습니다. 그것은 신앙과 생활의 괴리를 가져올 뿐입니다.

오늘날 한국 교회는 개혁, 정통, 보수를 표방하고 있으면서도 세속적이며 비신앙적이라는 비판이 제기되고 있습니다. 그것은 교회가 교회되기 위해서는 "교회는 항상 개혁되어야 한다."는 종교개혁자들의 가르침을 다시 수행해야 한다는 과제를 보여준 것입니다.

교회의 정통과 보수화는 교회의 게토(ghetto)화를 가져왔고, 그것은 교회의 건강성을 잃게 만들었습니다. 교회의 교회됨은 교회가 세상을 향해 빛을 발할 때일 것입니다.

06 보수와 개혁의 의미가 같은 것인가요?(2)

개혁교회의 역사는 16세기 종교개혁에 두고 있으며, 대륙에서는 칼뱅의 신학, 영국에서는 존 낙스의 신학, 미국에서는 개혁교회 교단을(주로 장로교회), 한국에서는 보수신학을 말합니다. 특히 한국의 개혁사상은 정통보수 개혁신학, 정통 보수신앙, 개혁보수, 개혁정통 등의 언어들 교단의 이름으로 사용되고 있습니다. 그러나 정통이나 보수의 개념은 개혁이라는 단어 개념과 서로 어울리기 어려운 단어이기 때문입니다.

개혁(reform)이란 지금까지 정통과 보수라고 믿어왔던 신념에 머물지 않고 변화와 혁신을 요구하는 단어입니다. 그러나 이러한 이율배반적인 두 단어가 아무 충돌이나 갈등 없이 한국 교회 안에 자리잡고 있는 것은 "개혁"의 의미를 바르게 이해하지 못한 결과라고 봅니다. 교회는 세상과는 구별되어 불러낸 무리(ecclesia)로서 거룩한 하느님의 백성입니다. 교회가 세속에 물들어 자본주의적 사고에 오염되었을 때 개혁을 할 수가 없습니다. 진정으로 개혁교회가 되기 위해서는 초기 교회로 돌아가 교회의 본질을 되찾아야 합니다. 그리고 개혁자들이 잘못된 교회의 관행을 보고 교회개혁(Reformation)을 단행한 것처럼 오늘의 자본주의에 물든 교회의 모습을 보고 교회가 새로워져야 합니다. 하느님의 말씀은 변치 않지만 그러나 그 틀(form)은 변해야 합니다. 그 틀을 바꾸는 것이 개혁입니다.

개혁을 위해 무엇이 필요한가요?(1)

제도권의 벽, 교회주의의 벽이 헐어지면 교회는 새로워질 수 있습니다. 건물 중심의 교회가 되면서부터 교회는 그리스도 안에서 하나의 교회, 그리스도의 몸으로서 하나의 교회라는 본질을 잃어버리기 시작했습니다.

지금이라도 교회가 교파가 자신들의 벽을 허물기 시작한다면 교회는 하나의 교회가 되고, 그 하나의 교회는 세상에 없어서는 안되는 어두운 세상에 빛을 비쳐주는 등대가 될 것입니다.

이전에는 교회가 거룩한 곳이요, 세상의 빛이었습니다. 그러나 지금은 교회도 세상과 똑같이 물질 만능주의, 자본주의가 깊숙이 들어와 세력을 과시하고 있습니다. 사회와의 관계 속에서 교회가 개혁을 위해 무엇을 회개의 과제로 삼을 수 있을까요?

1) 맘몬주의 사고를 어떻게 극복할 수 있을까?

2) "네가 구원 받아야 내가 구원 받을 수 있다."는 더불어 사고를 어떻게 실현해 나아갈 수 있을까?

3) 어떻게 교회가 사회의 등대가 될 수 있을까?

이러한 과제 해결의 열쇠는 교회가 교회의 본질을 추구할 때 가능할 것입니다. 교회 개혁이란 교회의 본질을 찾는 것입니다. "하느님 앞에서"(coram deo) 하느님 말씀 앞에서 서서 행동하는 것입니다. 그것은 제도권의 벽을 허무는 것입니다. 지금 여기서 내가 그 일에 뛰어드는 예언자적 용기가 필요할 때입니다.

08 개혁을 위해 무엇이 필요한가요?(2)

루터가 종교개혁을 했을 때, 그것은 어떤 종교를 개혁한 것이 아니라, 그 당시 종교로 굳어진 교회를 개혁한 것입니다. 그것은 "틀을 바꾸는"(paradigm shift) 일, 즉 개혁을 단행하는 것이었습니다. "믿음으로 의롭다"는 의인(義認)의 교리는 우리가 그리스도를 찾아가는 것이 아니라, 그리스도가 먼저 우리를 찾아온다는 것이었습니다. 다시 말하면 우리가 신을 찾아 경배의 대상으로 정하고 그를 섬기는 것이 아니라, 하느님이 우리를 찾아와서 우리의 친구가 되시고 구주가 되신다는 내용이었습니다.

개혁을 위해 루터가 제시한 복음으로의 회귀 운동이 필요합니다. 이미 교회가 장소로 바꾸어진 틀을 바꾸는 일입니다. 교회를 예배당, 성당, 성전 등의 장소로 생각하는 방식이 바꾸어지지 않으면 교회가 새로워질 수 없습니다. 교회의 본질을 왜곡하는 행위이기 때문입니다. 성전을 웅장하게 지어놓고 그곳에 십자가를 모셔놓고 주일 날이면 그곳에 찾아가 그분께 예물을 바치면서 경배하는 것이 가장 중요한 신앙행위로 보는 것은 교회가 개혁의 열차에 갈아타지 못한 것입니다. 왜냐하면 이렇게 되면 구약시대 성전 전통과 다를 것이 없기 때문입니다. 더 나아가 신의 이름만 다를 뿐 이방 종교와 무엇이 차이가 있나 깊이 생각해 보아야 할 것입니다.

교회 개혁을 말하는 것은 종교가 되어가고 있는 것에 대한 "아니오!"(Nein!)를 하는 것입니다. 기독교는 종교가 아니라, 인류를 구원하는 복음이기 때문입니다. 그 복음을 전파하는데 땅 끝까지 하라는 것이 주님의 마지막 부탁이었습니다.

무엇이 교회 개혁을 어렵게 하는가요?

"오늘의 교회 이대로는 안 된다. 교회는 개혁되어야 한다." 그것은 개혁을 단행해야 할 교회 개혁의 골격은 그대로 두고 낡은 겉을 새롭게 치장을 하자는 갱신, 리모델링(remodeling)하는 것을 말하지 않습니다. 갱신(remodeling)은 죽은 무덤에 회칠을 하는 것에 불과한 것입니다.

이에 반해 개혁(reform)은 글자 그대로 지금까지의 기존의 틀(form)을 바꾸는 것을 말합니다. 교회 개혁은 율법에서 복음으로, 유대교에서 기독교로 바꾸었던 것처럼 교회의 "틀을 바꾸는 것"(paradigm shift)입니다. 왜냐하면 지금의 교회 형태(form)와 구조(structure)가 성서적인가 따져보아야 한다는 것입니다.

오늘의 교회가 이대로 안 된다고 하면서도 기존 교회의 체제에 그대로 안주 내지는 소위 리모델링(remodeling) 정도에 머물러 있는 가장 큰 이유는 기존 교회를 통해서 예수를 만났고, 은혜를 받았고, 성령체험도 했는데, 그런 교회를 잘못되었다고 부정하는 것은 동의할 수 없다는 것입니다. 그러나 지금의 교회를 통해서 구원받았다고 해서 마땅히 개혁되어야 할 요소가 많은데도 옛것에 그대로 머물러 있어 개혁하지 못하는 것은 결국 교회를 병들게 만들고 맙니다.

바울은 복음의 자유를 말하면서 교회가 성숙하려면 어렸을 때는 이 세상 초등 학문 아래서 종노릇하였지만 이제는 아들의 명분을 얻을 수 있어야 한다(갈 4:1-5)고 말합니다. 새 술은 새 부대에 넣어져야 합니다. 유대인들은 율법에 매여 그리스도의 새로운 복음을 받아들이지 못하여 그리스도 밖의 사람들이 되었다는 것이었습니다.

10 교회는 어느 전통에 서야 되나요?

구약성서를 보면 예언자 전통, 제사장 전통, 왕의 전통이 있습니다. 오늘 우리 시대에 예수를 교회의 전통으로 삼는다면 예수는 예언자 전통에 더 가까이 서 있을 것 같습니다. 예언자는 기성제도의 어느 틀에 한 자리를 차지한 것이 아니라, 제도권 벽을 허무는데 침투해 들어가기 때문입니다. 그러기 위해서는 교회가 예언자의 상을 다시 회복하는 것입니다. 교회는 세상과 함께하는 것이 아니라 하느님의 말씀을 외쳐야 합니다.

그러나 콘스탄틴 이후에 기독교는 하나의 공적인 국가 종교가 되어 하나의 거대한 조직을 이루면서부터 예언자 전통이 후퇴했습니다. 정치가 더욱 종교와 결탁하기 위해 손짓할 때, 그런 모습은 더욱 뚜렷해졌습니다. 이로써 체질적인 변화가 일어났는데, 진취적인 예언자 정신에서 제사장적인 고착상태로, 역사 참여적인 시간적인 것에서 공간적으로 자세를 바꾼 것입니다. 내 교파, 내 교회, 내 종교에 대한 공간적 설정이 그것을 분명히 하고 있습니다.

어떻게 돌아설 수 있을까요? 여기서 예수의 성전을 숙청 사건을 떠올려볼 필요가 있습니다. "공간으로서 성전은 무너졌다. 그 대신에 나는 '주는 그리스도요 살아 계신 하느님의 아들이다.'는 신앙고백을 하는 무리들을 불러 모아 교회를 세운다." 주님이 세우신 교회는 신당이나, 사원이나, 성당을 말하는 것처럼 어떤 장소가 아니고, 그리스도를 영접한 사람들의 모임 그곳이 교회입니다. 하느님은 당신의 이름으로 모여서 하느님의 뜻을 행하기를 원하십니다.(마 7:21) 예배당을 신성시하는 행위는 교회 개혁을 위태롭게 하는 행위가 될 수 있습니다.

11 교회의 메시아적 형태가 어떤 모습일까요?

신학자 몰트만(J. Moltmann)은 그의 책 "성령의 능력 안에 있는 교회"(Die Kirche in der Kraft des Geistes)에서 메시아적 교회의 형태를 5가지로 제시하고 있습니다.

1) 엑소더스(exodus) 교회입니다. 엑소더스 교회는 이데올로기에 포로로부터 탈출(exodus)한 교회를 말합니다. 그것은 종말론적 승리, 최후의 권세, 새로운 영원한 시대의 시작을 의미합니다.

2) 십자가의 교회입니다. 십자가에 달린 예수 아래서 살고 있는 교회는 버림받은 자들, 주변부에서 밀려난 자들이 십자가와 부활 속에서 죄와 억압으로부터 해방을 경험하는 교회를 말합니다. 십자가의 교회는 인류에게 희망입니다.

3) 형제애의 교회입니다. 부활을 경험한 사람들은 예수를 세계의 주로 고백합니다. 이제 주 안에서 세계가 하나가 될 수 있는 길이

열린 것입니다. 그것은 인류를 하나로 묶는 에큐메니컬한 교회를 말합니다.

4) 축제의 교회입니다. 교회는 축제로 점철되어 있습니다. 부활의 축제, 자유의 축제, 복음의 축제 등등. 교회는 그리스도를 축하합니다. 또한 기쁨, 찬양, 놀이, 웃음으로 "주의 몸"인 "주의 만찬"을 함께 나눕니다.

5) 우정의 교회입니다. 우정의 개념 속에는 직무의 칭호도, 존경의 칭호와 기능도 나타나지 않고 오직 참된 인간 교제를 위한 "열정"이 있을 뿐입니다. 예수는 세리와 죄인의 친구(눅 7:34), 제자들의 친구(요 15:15)였습니다.

12 교회가 어떻게 자본주의 정신에 매몰되지 않을까요?

이 세상에 교회가 있는 한 희망이 있습니다. 왜냐하면 주님이 교회의 주가 되시기 때문입니다. 이런 의미에서 교회는 끊임없이 자신을 개혁해 나아가야 합니다.

그러나 지금 교회는 세속의 가치와 맘몬주의에 빠져 허우적거리고 있는 채 방치되고 있습니다. 교회를 사고파는 작태가 그것을 말해주고 있습니다. 입지 여건 좋고 성도수가 많을수록 높은 값에 교회의 매매 체결이 이루어진다고 하는 어처구니없는 일이 한국 교회에 일어나고 있습니다. 예루살렘에 입성하신 예수 그리스도가 가장 먼저 행하신 일은 성전을 청소하는 일이었습니다.

어떻게 교회가 자본주의 정신에 매몰되지 않을까요?

첫째는, 영성 있는 교회가 될 때입니다. 그곳에서는 언제나 야곱이 얍복 강 나루터에서 기도하여 승리를 얻었던 것을 경험할 것입니다.(창 32:22-39) 새벽을 깨우며 기도하는 교회와 목회자는 시대의 정신을 뛰어넘게 될 것입니다.

둘째는, 기회가 주어졌을 때 실천하는 교회입니다. 자본주의 사고에 매몰되지 않고 한국 교회에 신선한 충격을 준 경기도 용인에 소재한 "H 교회"가 좋은 예가 될 것 같습니다. 2006년도 바른교회아카데미(원장, K 목회자)는 "H 교회"를 건강한 로드십(Lordship)을 실천한 교회로 선정했습니다. 그 배경은 교회 땅 매매로 얻은 시세 차익 이익금 40억 원을 고스란히 사회에 환원한 결정 때문이었습니다.

13 살아 있는 교회가 되기 위해서는 어떻게 해야 하나요?

미국 오클라호마의 한 작은 도시에 목회자가 새로 부임했습니다. 그는 목회적 열정을 가지고 오자마자 심방을 하면서 모두 다 교회에 나올 것을 권유했습니다. 그러나 주일이 되어 나온 사람은 손가락으로 셀 수 있을 정도로 적은 숫자였습니다. 그 다음날 목회자는 신문 광고란에 조그마한 안내문을 실었습니다. "교회가 죽었습니다. 그러므로 기독교의 의식에 따라 엄숙하게 교회 장례식을 치르고자 합니다. 때: 오는 주일 오후 2시. 장소: 교회 예배당."

광고문을 보고 모두 놀랐고 궁금하여 교회당에 모여들었습니다. 강대상 앞 시체를 담은 관 위에는 꽃이 놓여 있었습니다. 목회자는 장례식을 집행하면서 몰려온 사람들에게 마지막 가시는 분이니 모두 얼굴 한 번씩 보라고 하였는데 그 관 속을 들여다보는 사람마다 상당히 심각한 표정을 지으며 고개를 떨어뜨리게 되었습니다. 관 속에는 거울이 있어 영적으로 죽은 초췌한 자신의 모습이 관 속에 있었던 것이었습니다. 그 사건으로 인해 오클라호마의 교회는 다시 영적 부흥이 일어나기 시작했습니다. 깨어서 살아 있는 교회만이 이 사회의 소금과 빛이 될 수 있습니다.

이제 교회는 실천적 모습이 결여되어 눈이 커지고, 귀가 커지고, 입이 커지고 그리고 머리가 커져 가느다란 손과 발이 머리에 붙어 있는 기형적인 모습에서 손과 발을 움직여 세상을 개혁해 나아가는 살아 있는 만인 제사장의 평신도교회가 되어야 할 것입니다.

제 5 장

구약시대 "교회"와 성전의 의미

교회는 태동하고 성장하고 그리고 쇠퇴를 반복하면서 살아 있는 유기체로서 그 모습을 역사에 드러내고 있습니다. 광야와 가나안 시대에는 교회의 원형이라고 할 수 있는 성막이 있었고, 다윗과 솔로몬에 이르러서는 성전이 지어졌으며, 신약시대 초기에는 성령으로 말미암아 오늘의 교회가 탄생했습니다.

성전 공사 후 솔로몬 왕

01 성전으로서 "교회"란 무엇인가요?

교회는 성전이 아닙니다. 역사적으로 성전은 두 가지 전통에서 그 맥을 이어오고 있었습니다. 하나는 민중전통입니다. 그것은 모세와 여호수아 시대에 이루어진 것으로 출애굽 이후 40년 동안 광야생활을 보내면서 천막을 치고, 그 안에 성막(tabernacle)을 두어 백성들이 하나님과 함께 하는 전통입니다. 또 하나는 제왕 전통입니다. 그것은 다윗과 솔로몬 시대에 형성된 것으로 건물로서 성전을 지은 것입니다. 그러나 하나님은 이런 건물로서 성전을 허락하시지 않으셨습니다.(대하 17:1-6)

교회의 어원을 밝히자면 "백성들의 모임"인 히브리어 "카할"(qahal)에 해당하며, 그 가운데는 회막, 성막, 장막 그리고 성전 등을 생각해 볼 수 있습니다. 교회 발전의 역사를 보면,

1) 유목시대에 이스라엘 백성들은 천막생활, 즉 40년 광야생활(민 10:35-36)을 통해 하나님을 만났으며,

2) 농경시대에는 가나안 땅에 계시는 하나님(삼상 26:19-20)을 믿었고,

3) 제사장 시대에는 성전에 계시는 하나님을 생각하며 성전 중심의 생활, 즉 종교 의식을 행했습니다.

4) 예수시대에는 성전에 박제된 하나님이 비판의 대상이 되었습니다.

5) 신약성서에서는 "백성들의 모임"인 교회 즉 "에클레시아" 그리고 "백성들이 모이는 곳"인 "회당"을 들 수 있습니다.

정리하면 진정한 의미에서 구약시대는 광야교회가 있었고(행 7:38), 신약시대에 와서는 사도행전 2장에 나오는 오순절 성령 교회를 들 수 있을 것입니다.(행 2:21, 2:36, 2:41)

구약시대 "교회"로서 회막이란 무엇인가요?

율법 언약에 의하면 모든 백성은 매년 회막에서 세 번의 절기, 무교절, 칠칠절, 초막절을 기념하게 되었습니다.(신 16:16, 17; 출 34:1, 22-24)

모세가 장막(tent)을 치면 그 주변은 언제나 회막이 되었습니다. 회막은 하나님과 모세 사이의 "만남의 자리"(meeting place)가 되는 것입니다. 모세가 장막에 들어가 야훼 하나님을 만나고 있을 때, 백성들은 한자리에 모여 장막을 바라보며 모세와 하나님과의 대화에서 일어나는 일에 대해 눈을 떼지 않고 그가 나올 때까지 하나님께 영광을 돌리며 예배를 드리며 기다리고 있습니다.(출 33:7-11)

회막은 광야 기간 중에 하나님의 백성으로서 이스라엘이 수행했던 실질적 제의 중심(cult center)이 되었습니다. 따라서 하나님을 만나는 장막(tent)이 쳐지면, 그곳은 언제나 하나님의 백성들이 모이는 회막이 형성되었으며, 그곳은 으레 하나님의 백성들이 모여 하나님께 영광과 예배가 이루어진 것입니다. 따라서 하나님의 백성들이 하나님을 만나는 계시의 장소는 한자리에 모이는 집회

(assembly)를 의미했습니다.

따라서 회막은 후에 나타날 성전(temple)의 의미와는 달랐습니다. 성전은 성소와 지성소로 구분되어 하느님을 만날 수 있는 곳이 지성소인데 거기에는 오직 대제사장만이 일 년에 한 번 갈 수 있었습니다. 그에 비해 회막은 하느님의 백성들이 하느님을 중심으로 모이는 자리였던 것입니다. 그런 점에서 회막으로서 교회는 하느님의 집이나 처소가 아니었습니다.

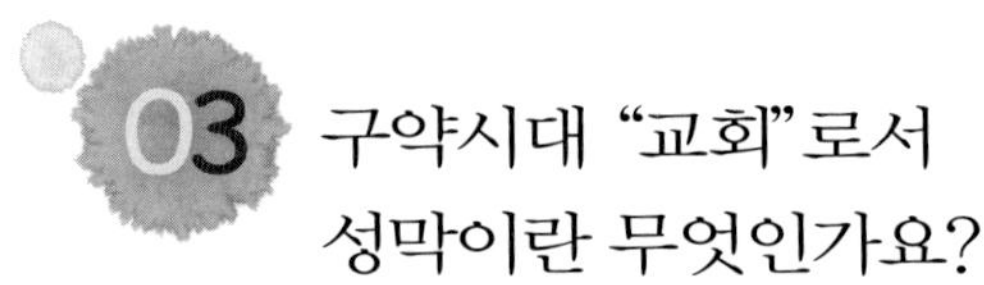

구약시대 "교회"로서 성막이란 무엇인가요?

성막(tabernacle)은 하느님께서 당신의 백성을 만나기 위해 짓도록 하여 만든 집입니다.(출 25:8) 출애굽 후 모세는 시내 산에서 하느님으로부터 십계명과 성막의 식양을 받아 출애굽 2년째 되는 1월 1일에 성막을 완공했습니다.(출 25-31장, 35-40장)

광야로 나온 이스라엘 백성은 성막을 중심으로 하느님의 통치 아래 있게 됩니다. 이 성막을 광야 교회라고 불렀습니다.(행 7:38) 다시 말해서 출애굽 이후 성막을 갖춘 백성들을 가리켜 "카알", 즉 "불러낸 무리"를 "교회"라 부른 것입니다. 당시 이스라엘 백성들은 성막을 통해서 하느님을 섬기고 하느님과 교통했습니다.

성막은 오늘의 교회이나 성당처럼 장소의 의미를 갖는 것과는 달랐습니다. 하느님이 그들의 중심에 있도록 성막은 관계된 모든 구조물들과 함께 어깨에 메고 이동할 수 있도록 설계되었습니다. 여호수아 시대에 이르러 이스라엘 백성들은 요단 강을 건너 길갈에 도착하여 그곳에 들고 온 성막을 세워 할례를 행하며 예배를 드렸습니다. 그러나 그 후 길갈에서 실로로 옮기면서 이번에는 움직일 수 없는 건물형으로 바뀌었습니다. 그것은 후에 성전을 건축하는 문제로 드러나게 됩니다.

성막은 구조상 하나님이 임재해 계시는 지성소와 성소로 구분되어 있어 대제사장을 제외한 사람들은 누구도 지성소에 들어갈 수 없었습니다. 왜냐하면 하나님은 거룩하시기 때문입니다. 그런데 이 휘장은 그리스도께서 죽으실 때 완전히 찢어졌습니다.(마 7:51) 이것은 그리스도의 죽으심으로 더 이상 휘장이 필요없다는 것을 의미합니다.

04 법궤란 무엇인가요?

법궤란 성막의 지성소에 있는 하나님을 만나는 곳입니다. 회막에서 성막 공동체로 넘어가는 과정에서 끼어든 종교적 상징이 법궤(ark)입니다. 회막이 계시, 초월성, 만남, 시간을 상징한다면, 법궤는 하나님의 임재와 내재성을 대변하는 종교적 상징이었습니다.

이스라엘 백성들이 가나안 땅에 가는 도중 법궤를 앞장세워 기적적으로 요단 강을 건너고 난 후 성막에 대한 애착이 극에 달했습니다.(수 3:8, 4:19; 삼상 1:9) 그들에게 법궤는 보이지 않는 주님의

왕좌이면서 광야에서 이스라엘을 인도해간 "움직이는 신전"(moveable shrine)이었습니다. 성막에서 중요한 것은 법궤입니다. 왜냐하면 법궤 없는 성막은 하나의 장막에 불과하다고 생각했기 때문입니다.

그러나 블레셋의 침입으로 법궤를 빼앗겨 112년간이나 이스라엘 백성들은 법궤 없이 성막만을 가질 수밖에 없었습니다. 이제 그들은 법궤 없이도 하느님은 장막에 거한다는 것을 믿을 수밖에 없었습니다. 그 후 다윗은 자기 궁 옆에 소위 예루살렘 성막을 세우고 다시 법궤를 찾아 보관하게 되었습니다.(대상 15:1-3)

그러나 법궤에 대한 강도는 후에 다윗이 기브온 산당에 법궤 없이 장막과 번제단만으로 성막을 세우므로 약해졌다고 볼 수 있습니다. 법궤가 없는 번제단만 있는 곳을 만들어 제사를 지내게 했기 때문입니다. 법궤가 있는 성막과 법궤가 없는 번제단만이 있는 성막으로 나누어진 것입니다. 따라서 번제를 드릴 수 있는 곳은 어디서나 하느님이 임재하신다는 것을 시사해 준다고 할 수 있습니다.

 성전의 기원을 아시나요?

이스라엘 민족은 광야 40년을 방황하다가 하느님께서 약속한 가나안 땅에 들어간 다음, 여러 가지 파란을 거쳐 그들의 나라 이스라엘이 건축되고, 그리고 그 후 성전을 건축하기에 이르렀습니다.

오랜 광야생활 중 성막의 덮개와 휘장이 낡고 초라해지자 다윗은 성전건축에 마음을 가지게 됩니다. 그러나 성전건축에 대한 하느님의 허락은 다윗이 아닌 그 아들 솔로몬에게 떨어지자 솔로몬은 모리아 산에 성전을 아름답게 건축합니다.(대하 3:1)

성전은 법궤를 모신 곳입니다. 이스라엘 백성들은 블레셋 사람들로부터 빼앗긴 법궤를 다시 찾았습니다. 그러나 그 법궤는 오랫동안 방치해 둔 채 있었습니다. 솔로몬은 아버지 다윗이 계획했으나 하지 못한 성전을 건축하여 방치된 법궤를 모셨습니다. 드디어 법궤가 있는 성전이 지어져 이스라엘 백성들에게 하느님을 만날 수 있는 장소가 생긴 것입니다.

성전은 성막의 종교적 요소들을 흡수하였고 법궤를 성전 중심에 안치했기 때문에 성막과의 연속성을 지니고 있었습니다. 그러나 솔로몬 이후 텐트형 성막은 사라지고 도처에 솔로몬 성전 형태의 성전들이 세워진 것입니다.

이렇게 성전은 순수한 신앙적 종교적 의미뿐만 아니라 이스라엘 민족의 종교적 중심지로 성역화되어갔습니다. 그것은 야훼주의에 대한 위기이기도 했습니다.

06 성전건축에 대한 하느님의 생각은 어떠하셨나요?

다윗은 지금까지 인도한 하느님의 크신 은혜로 왕이 된 후 왕궁을 건축하고 성막을 생각하다가 성전을 지으려고 결심했습니다.

그때 하느님은 "내가 살 집을 네가 지어서는 안 된다."고 하시면서 단호하게 거절하셨습니다. 하느님께서는 광야시대 성막을 짓도록 한 바 있었습니다. 그러나 한 곳에 머물 성전을 짓도록 원하지는 않았습니다. 하느님은 이 성막과 장막이 옮겨질 때마다 옮겨 다녔을 뿐이지 정해진 성전을 원치 않은 것입니다.

건물로서의 성전에 대한 부정적 표현은 곳곳에 나타나고 있습니다. "어찌 하느님이 사람이 지은 집에 계시겠는가?"(행 17:24, 7:47-48) 하느님은 이방인들의 손을 빌려 성전을 헐어버리시고, 지으면 또 헐게 하셨습니다. 그 헐어진 성전 터 위에 지금은 또다시 지을 수 없도록 알라 신전이 세워져 있다는 교훈을 저버릴 수 없습니다. 하느님은 성전이란 어떤 공간에만 계시는 것이 아닙니다. 하느님의 임재는 무소 부재하십니다. 한 곳에 고정된 처소가 될 때 이방 신당과 같은 결과에 이를 수 있는 위험을 보아야 할 것입니다.

하느님이 거하실 성전은 땅에 짓는 가시적 건축물이 아니라, 바울이 증거한 것처럼 주와 함께 거하는 백성들을 가리키고 있습니다. "여러분이 건물이라면 그리스도께서는 그 건물의 가장 요긴한 모퉁잇돌이 되시며 사도들과 예언자들은 그 건물의 기초가 됩니다. 온 건물은 이 모퉁잇돌을 중심으로 서로 연결되고 점점 커져서 주님의 거룩한 성전이 됩니다."(엡 2:20-22) 교회란 정적으로 머물러 있는 것이 아니라, 성막처럼 동적일 때 생명력이 있다고 본 것입니다.

07 왜 거절된 성전 건축이 솔로몬에게 와서 지어지게 되었나요?

역대상 22:6-10, 28:1-6에 의하면 다윗이 성전을 지을 수 없었던 이유가, 다윗이 "피를 많이 흘린 자"이기 때문에 내 뒤에 오는 자가 지을 것이라고 합니다. 그러나 여기서 이 말씀은 다윗에게 하느님이 직접 하신 말씀이라고 보기보다는 나단 선지자를 통해서 하신 말씀을 다윗 자신이 확대 해석하고 있다고 볼 수 있습니다. 왜냐하면 하느님은 나단 선지자를 통해 분명히 성전 건축에 대한 거절 의사를 밝혔기 때문입니다.

그렇다면 예루살렘 성전은 하느님의 뜻에서가 아니라, 전적으로 다윗의 열정이 아들 솔로몬에게 이어져 이루어졌다고 보는 것이 타당할 것입니다. 하느님은 역대상 17:11-12에서 성전 건축을 거절하시면서 "네가 살 만큼 다 살고 세상을 하직하면 네 몸에서 난 아들 가운데서 하나를 네 후계자로 세우고 그의 국권을 튼튼히 해주겠다. 그 후계자가 바로 내 집을 지을 사람이다."고 하면서 약속을 하시고 있습니다.

여기서 다윗은 "네 몸에서 난 아들 가운데서 하나를 네 후계자"란 말을 솔로몬으로 생각하는 열정을 가진 것입니다. 그러나 이 말씀은 장차 "다윗의 자손"으로 오신 예수 그리스도를 생각하는 것이 하느님의 뜻이었다고 보입니다.

그러나 하느님은 솔로몬이 아버지 다윗의 열망에 따라 성전을 지으려고 하자 허락한 것입니다.(대상 28:2-6) 그리고 그 성전을 지어 바쳤을 때 야훼의 영광이 가득 찼던 것입니다.(대하 5:14) 이로

인해 하느님은 더 이상 우주의 하느님이 아니라 성전에 갇히게 되었습니다.(대하 6:2)

왜 예수는 "이 성전을 허물어라"(요 2:19) 고 했을까요?

유월절이 다가오면 순례자들은 하느님께 제사를 드리기 위해 각 처소에서 예루살렘으로 향했습니다. 가까운 곳에 있는 사람들은 희생 제물로 드릴 소나 양이나 비둘기 등을 직접 가지고 옵니다. 그러나 먼 곳에 있는 사람들은 제물 대신에 온갖 화폐를 가지고 와서 희생제물을 사야 합니다. 그래서 성전 주위에 있는 환전상에서 우선 돈을 바꾸고 난 다음 드릴 제물을 샀습니다. 그래서 그것은 매우 합리적인 일이었습니다.

그러나 예수가 성전을 헐라고 한 것은 환전상에서 돈을 바꾸고 제사에 쓰일 희생 동물을 사고파는 행위가 아니라, 이미 성전에서 제사 그 자체에 대해서는 멀어졌고, 신앙을 빙자해서 돈을 버는 일로 성전의 참 의미를 잃어버리는 것을 보고 그렇게 한 것입니다. 예수는 제사장을 중심으로 한 지배 계급의 기득권을 강화시키는 종교마당이 된 성전을 헐라고 하신 것입니다.

예수는 예루살렘 성전을 보면서 "너희 성전은 하느님께 버림을 받아 황폐해지리라."(마 23:38; 눅 13:35)고 예언한 바 있습니다. 얼마쯤 걷다가 다시 제자들을 향하여 성전 건물들을 가리키며 "저 모든 건물들을 잘 보아 두어라. 나는 분명히 말한다. 저 돌들이 어느 하나도 제 자리에 그대로 얹혀 있지 못하고 다 무너지고 말 것이다."라고 말씀하십니다.(마 24:2)

실제로 이 성전은 기원후 70년에 로마의 디토 장군에 의해서 무너진 이후 다시 지어지지 않고 있습니다. 예수가 바로 성전입니다.(요 4:20ff.)

09 성전 모독죄란 무엇인가요?

예수는 성전에서 장사하는 사람을 내쫓고, 환전상을 뒤엎으면서 "다시는 내 아버지의 집을 장사하는 집으로 만들지 말라"며 꾸짖습니다. 그 광경을 본 유대인들은 이런 일을 할 만큼 무슨 권위를 가지고 있는지 기적을 요구하자 예수는 "이 성전을 허물어라. 내가 사흘 안에 다시 세우겠다."고 답변을 대신합니다.(요 2:19)

이에 대해 유대인들은 "이 성전은 46년 동안 지었거늘…"(요 2:20)하면서 반론을 펼치기 시작했고, 그것은 하나의 충격으로 각인되었습니다. 유대인들에게 성전은 그들의 정신적, 영적, 종교적 상징이었기에 성전을 훼손하면 사형에 해당하는 벌을 가하는 것으로 되어 있었습니다. 따라서 예수의 "성전을 헐어라"는 선언은 성전 모독죄가 되었고 그리고 그것은 그를 사형으로 몰고 간 죄목도 되었습니다.

그러나 이 도전적 선언에는 교회가 무엇이냐를 묻는 질문과 이

에 대답하려는 시각이 제시되어 있습니다. 유대인들에게 성전은 "건물 그 자체" 였습니다. 그러나 예수는 성전을 헐라는 그 자리에 "내가 사흘 동안에 일으키리라" 라고 하심으로 "건물" 이 아니라, 자신의 "몸" 을 말한 것입니다. 즉 십자가에 죽었다가 사흘 만에 부활한 몸(요 2: 21) 그 자체를 말한 것입니다.

따라서 예수의 십자가 사건은 짐승의 피로 희생 제사를 드리는 성전의 시대가 끝나고 "단번에" (once for all) 드려진 그리스도의 희생으로 교회의 시대가 열린 것입니다.

10 성전 시대는 어떻게 끝났는가요?

이스라엘의 최초의 성전은 솔로몬 성전이었습니다. 이스라엘 성전 건축에 대한 계획은 다윗 왕이 시작했으나 하느님께서 허락하지 않아서 그의 아들 솔로몬 왕 때 이르러 지어진 것입니다. 그러나 이 솔로몬 성전(제1성전이라고도 함)은 기원전 598년 바빌론 제국의 침공으로 파괴되었습니다.

그 후 제2성전은 기원전 538년 바빌론 포로생활에서 귀환한 유대인들이 재건하기 시작하여 기원전 515년에 완성한 것인데 헤롯 왕이 화려하게 개축한 것입니다. 소위 제2의 성전이라고 불리우는 헤롯 성전이 그것입니다. 헤롯 성전은 기원후 70년 유대전쟁에서 로마 군에 의하여 파괴되었습니다. 오늘날 예루살렘에 무너져 담벼락만 남은 성전이 바로 그 성전의 잔재입니다.

그 후 유대인들은 더 이상 성전을 재건하지 아니했을 뿐 아니라, 성전을 세우려고 하지도 않았습니다. 유대교는 제사장을 중심으로 한 제사 종교에서 랍비들이 주도권을 행사하는 회당 중심의 율법 종교로 탈바꿈한 것입니다. 그들은 율법을 통해 하느님을 만나고자 했습니다. 그것이 회당의 유래인 것이지요. 성전이 레위인과 제사장 중심의 운영체계에서 이루어졌다면, 회당은 서기관을 중심한 율법중심으로 바뀐 것입니다.

그러나 이제 우리는 율법적, 제의적 종교로부터 사랑의 복음에로 옮겨가야 합니다. 피곤에 지친 사람들을 위로하고 하느님의 사랑을 전해야 합니다. 그것이 교회가 이 세상에 있는 이유입니다.

11 교회가 성전으로부터 받은 소극적 영향은 무엇인가요?

유대교의 성전은 제사의식을 연결고리로 하여 하느님과 인간을 매개하는 기능이 주어졌습니다. 하느님께 나아가는 길은 오직 성전을 통해서, 더 자세히 말하면 제사장을 통해서만이 가능했습니다.

그러나 실제에 있어서는 하느님과 인간 사이에 직접적인 교류를 차단하는 장벽으로 가능했을 뿐만 아니라 인간과 인간 사이에 차별을 고착시키는 기능을 만들어낸 것입니다. 성전은 옛 성막을 생각하여 하느님과의 깊은 만남을 고려할 수 있었으나, 사실은 하느님을 만나는 방식이 제사장에 국한되어 성전 안에 계급을 형성하게 된 것입니다.

이러한 현상은 성전에서 교회로 바뀐 오늘에서도 여전히 교회 안에 계층을 만들어놓았습니다. 제사장과 평신도, 총회장(감독)-노회장-담임목회자-부목회자-장로-권사-서리집사-집사-평신도로 이어지는 계급의식 같은 것입니다. 그러나 이 제도가 그와 같이 오용되어서는 안 될 것입니다. 이것은 단지 교회의 효과적인 기능을 수행하기 위한 제도일 뿐입니다.

이 성전을 헐라는 예수의 말씀을 여기서도 생각해 볼 수 있습니다. 유대교의 성전 경내에는 성전 건물을 중심으로 하여 상하계층을 이루어 네 구역으로 구분되어 있었습니다. 그러나 예수께서 십자가 위에서 운명하시는 순간에 성전 휘장이 찢어졌는데, 그것은 이제 더 이상 교회가 하느님과 사람 사이를 차단하고, 사람과 사람 사이를 차별하는 성전처럼 되어서는 안 된다는 것을 상징합니다.

12 "성전 장사꾼"으로 판치는 오늘의 교회 어떻게 생각하세요?

교회 후임자, 매매 정보

- 교회 및 어린이집 매매
- 좋은 자리 후임자 매매
- 교회 매매
- 교회 및 각종 세미나 임대

- 교회 건물 매매

- 교회 개척 임대

- 개척교회 후임자 임대

- 교회 임대합니다.

- 전원교회 매매

- 기도원 매매

위의 정보는 기독교 신문, 인터넷 등 교회 매매 광고 사이트에서 쉽게 만날 수 있는 정보들입니다. 심지어는 대지 000평, 예배당 000석, 출석 장년 성도 000명, 매매가 00억(절충 가능) 등의 광고도 쉽게 볼 수 있습니다. 교회 매매는 교회의 본질을 크게 벗어나고 있습니다. 교회가 맘몬주의에 빠졌을 때, 그 교회가 주님의 교회라고 할 수 있을까요?

교회는 건물로서 교회당이 아닙니다. 교회는 유대교에서 말하는 회당도 아닙니다. 그 자리가 어디든 하나님의 백성들이 모이는 자리는 교회가 됩니다. 교회를 사고파는 행위는 교회에는 물론 세상을 향해서도 교회의 권위를 손상시키고 있는 것입니다. 교회는 결코 매매 대상이 되어서는 안 됩니다.

제 6 장

교회와 사회

친교(koinonia)는 교회를 생명력 있게 만드는 요소입니다. 이웃과 엉킨 가운데서 생기는 친교를 통해 새것을 경험하게 됩니다.

01 사회와의 관계에서 교회란 무엇인가요?

사회적 집단으로서 교회는 과오를 저지르기 쉬운 인간들로 구성되어 있습니다. 왜냐하면 인간은 인간의 조직들인 정치, 경제, 오락, 문화 등등의 그물에 함께 걸려 살고 있기 때문입니다. 다시 말해서 교회도 언제나 세속화의 위험에 그대로 노출되어 있습니다. 따라서 세상을 변화시키는 그리스도교적 활동 대신에 세상 표준에 상응하는 경향을 가지기 쉬운 것입니다.

예를 들면 교회 자체가 부동산을 소유하고, 기금을 투자하고, 노동자를 고용합니다. 그들이 취하는 정책은 흔히 교회가 공격하는 세속사회의 그것보다 나을 것이 없습니다. 특히 교회의 매매는 자본주의 시장을 연상케 하며 그리고 교회의 분파는 전체 사회의 특징인 사회 분열을 반영시키고 있습니다. 특히 요즈음 들어 교회의 분열로 인해 세상의 법정에 오르내리는 추태를 보이고 있는 양상은 하루 빨리 근절되어야 할 것입니다.

교회란 그리스도인의 친교 안에서 복음을 맡은 기관으로서 그리스도에 대한 충성을 공포한 집단으로 인간의 조직체로 존재합니다. 이 교회는 세상 속에 있지만 세상을 따르지 않고, 오히려 세상에 방향을 줄 수 있어야 할 것입니다.

"여러분은 이 세상을 본받지 말고 마음을 새롭게 하여 새 사람이 되십시오. 이리하여 무엇이 하느님의 뜻인지, 무엇이 선하고 무엇이 그분 마음에 들며 무엇이 완전한 것인지를 분간하도록 하십시오." (롬 12:2)

02 한국 교회가 공적으로 회개할 것은 무엇인가요?

이 사회가 교회를 바라보는 시각이 초기 선교 시대와 달라졌습니다. 초기 한국 교회는 사회의 빛과 소금이었습니다. 어려운 현실 속에서도 교회는 내적으로는 영적 각성 운동(Spiritual awakening movement)을 통해 복음을 전파했고, 외적으로는 학교, 병원, 고아원, 양로원 등을 세워 사회에 도움이 되었습니다. 그러나 초기 선교 시대 이후 한국 교회는 역사 앞에서 무엇을 했나 반성해야 할 것입니다.

여기서 한국 교회가 역사적으로 무엇을 잘못했는가를 복음의 정신에 입각하여 공적으로 회개할 수 있어야 한다고 생각합니다.

1) 일제시대 일본 천황 숭배에 참여한 죄를 회개해야 합니다.

2) 반공으로 민족의 통일을 가로막은 죄를 회개해야 합니다.

3) 유신체제 옹호를 통해 독재정치를 지지한 것을 회개해야 합니다.

4) 교회분열을 방치한 것을 회개해야 합니다.

5) 자본주의 아래서 물질지상주의에 교회가 대처하지 못한 것에 대해 회개해야 합니다.

"네가 나를 사랑하느냐, 네가 나를 사랑하느냐, 네가 나를 사랑하느냐"고 세 번씩이나 물으시는 주님의 질문이 지금 우리 모두에게 유효하지 않는지요? 내가 달라지면 세계는 변하기 때문입니다.

03 교회의 사회적 운동은 어떠한가요?

하느님을 사랑하는 사람은 이웃과 민족을 사랑할 수 있어야 합니다. 하느님을 사랑하는 것처럼, 이웃과 겨레를 사랑합니다. 모세, 바울, 예레미야 그리고 예수는 이웃과 겨레를 사랑했습니다. 김교신은 조선의 희망을 성서와 예수 그리스도에 두고 두 여인을 사랑한다고 했는데, 그것이 성서와 조선이었습니다. 그는 성서의 진리를 말하면서, 우리는 한국의 것이요, 한국은 세계의 것이요, 세계는 주님의 것이라고 하였습니다. 일본의 우치무라 간조는 "나는 두 개의 J를 사랑한다"고 했을 때, J는 일본(Japan)과 예수(Jesus)를 의미했습니다.

통계에 의하면 1990년도 한국 교회의 성장이 멈추었다고 전해집니다. 비록 성공회, 한국기독교장로회, 로마 가톨릭 교회가 소폭의 성장을 한 것을 빼고는 전반적으로 성장이 멈춘 것으로 나타났습니다. 이러한 현상은 교회의 사회성을 중요시한 것으로 드러나고 있습니다. 이제 교회는 더 이상 교회 자체 안에 모임으로 만족하지 말고 말씀의 육화(肉化)를 위해 경주해야 할 것입니다. 그것을 위해 무엇을 할 수 있을까요?

1) 성결 운동을 해야 합니다.

2) 일치, 화해, 사회 통합 운동을 전개해야 합니다.

3) 사랑을 가지고 이 시대의 선한 사마리아인이 되어야 합니다.

4) 절약과 근검 운동과 환경운동에 앞장서야 할 것입니다.

04 참된 교회의 상은 어떤 모습인가요?

채희동의 『걸레질하는 예수』는 참된 교회의 상을 보여주고 있습니다.

"방구석에 던져진 걸레는 그저 썩어가지만, 내 두 손으로 닦는 걸레는 세상을 빛나게 합니다. 십자가는 걸레여야 하고, 성도는 그 걸레를 들고 자신의 삶과 세상을 닦는 자여야 합니다."

그러나 오늘의 교회는 그렇게 하는 데 인색합니다.

부유한 교회, 배부른 교회는 더 배부르고 거대해질 꿈을 꾸기에 나눔을 실천하지 못하고 있습니다. 더 높은 종탑, 더 커다란 건물을 짓기 위해 설교와 찬송 소리만 커질 뿐, 현대 교회에서 우리는 하늘의 마음인 가난한 마음과 그 나라는 볼 수가 없습니다. 오히려 교회가 가지고 있는 것들로 말미암아 근심이 생기고 마음이 불안해져 교회의 본질을 잃게 되고나 있지 않은지 스스로를 살펴보아야 할 것입니다.

교회는 그리스도를 따르는 일을 이 세상에서 구현해내야 합니다. 교회는 삶의 한가운데서 그리스도의 삶을 사는 거룩한 존재들입니다. 그것은 다음과 같은 교회의 상에서 더욱 뚜렷해집니다.

1) 힘 없고 약한 이웃들의 삶과 함께하는 교회,

2) 예수 그리스도가 갈릴리에서 외쳤던 하느님 나라의 복음에 충실한 교회,

3) 이웃과 함께 그리고 이웃을 발견하기 위해 나서는 교회 그리고 그들에게 물질적, 정신적, 영적으로 건강하도록 돕는 교회입니다.

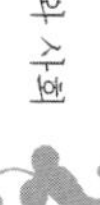

05 교회가 사회에 미칠 수 있는 영향은 무엇인가요?

개인구원만을 중요시한 교회는 복음을 개인적 차원에 국한시키거나 오히려 국가 권력에 편승하고 있는 경향이 나타나고 있습니다. 그들은 모든 사람들, 국민 모두가 예수를 믿게 되면 부정부패나 독재나 전쟁이나 인권 유린 따위의 사회 구조적인 문제가 저절로 해결된다고 믿고 있습니다.

그러나 이것은 악의 구조적 성격, 조직 악과 구조 악을 지나치게 가볍게 생각한 처사라고 봅니다. 이들은 범죄, 부정부패, 전쟁 등 모든 구조적 문제는 단지 개인 잘못 탓으로 보아 문제를 회피한 것입니다. 그들은 개인 각자가 올바르게 되면 구조적인 문제는 저절로 해결된다고 믿었던 것입니다. 그러나 지난 20세기에 들어와서 지독한 독재체제 국가에서 인구의 절대 다수가 기독교 신자인 나라에서 생겼다는 것은 설명하기가 어렵습니다. 또한 개인구원을 강조하는 교회는 복음에서 "나는 무엇이든지 할 수 있다"는 것을 개인의 안녕과 평안 그리고 미래에 대한 천국 보장을 위해서만 적극적으로 활용하고, 사회를 개혁하는 예언자 정신은 결여되는 경향이 많이 나타났습니다.

복음은 그것을 받아들이는 사람들에게는 세상에서는 가질 수 없는 힘을 얻게 됩니다. 종교개혁자 루터는 중세 1000여 년 동안 막강한 힘(power)을 가진 로마 가톨릭 교회의 부패에 대해 항거할 수 있었던 것은 성경에 나타난 복음의 힘(롬 1:16-17)이었습니다. 마르틴 루터 킹 목사가 "이 세상에 눌린 사람이 하나라도 있는 한 내 마음은 편치 않다."고 한 복음의 정신을 망각하지 말아야 할 것입니다.

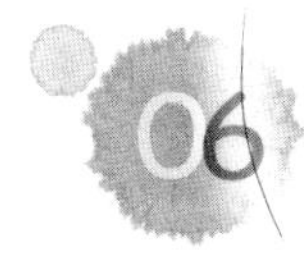

06 오늘 우리의 문명은 무엇인가요?

오늘의 교회는 사회와 네트워크를 형성하여 복음을 보다 효과적으로 전할 수 있어야 합니다. 과거처럼 게토(ghetto)화되어 자신의 교회와 교파에만 머물러 사회에 아무 영향을 주지 못하는 교회주의 교파주의에서 벗어나야 합니다.

오늘의 문명을 시간과 장소를 통합하는 문명이라고 합니다. 가령 우리가 살고 있는 시대는 텔레커뮤니케이션의 능력으로 속도(speed), 쌍 방향성 또는 상호작용 능력(interactivity), 네트워킹(net working), 부호 매김 능력(encryption ability), 잠정적 편재(potential ubiquity) 등을 통해 텔레커뮤니티(tele-community)를 이룬 시대입니다.

예를 들면, 모더니즘에서는 개미와 베짱이 이야기에서 개미는 부지런히 일하고 베짱이는 그 때 놀면서 노래만 불렀을 때, 개미가 상 받는 것이 당연한 것으로 여기고 있으나, 포스트모던 시대는 그 반대를 생각할 수도 있습니다. 개미는 40대 후반에 암이 걸려 병들어 일찍 죽고, 그 당시 놀았던 베짱이는 훌륭한 가수가 되어 부러움의 대상이 되었다는 것입니다. 모던 시대는 과거를 중요시하나 포스트모던 시대는 과거를 그렇게 중요한 것으로 여기지 않는다는 특성이 있습니다.

포스트모던 시대는 하나님께서 다양한 음성으로 역사하는 것을 포착할 수 있어야 할 것입니다.

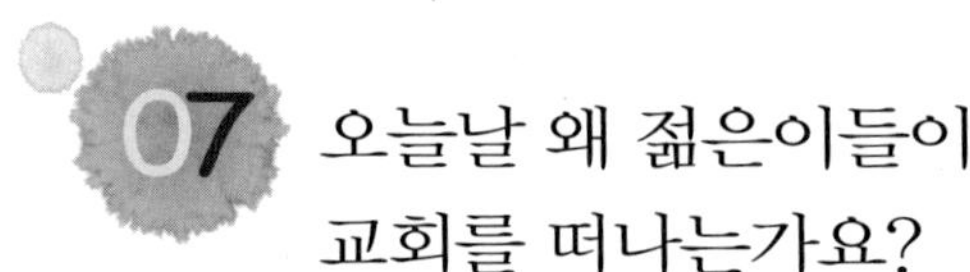

07 오늘날 왜 젊은이들이 교회를 떠나는가요?

21세기는 다양성과 다원화를 추구하는 포스트모던 시대입니다. 해체주의, 축소주의, 상대주의를 특징으로 하는 다원주의 사회입니다. 다원주의 사회에서는 진리란 개인적이고 주관적이며 언제나 변화에 노출되어 있습니다. 다원주의에서는 우리가 진리라고 고백하며 살고 있는 "그 길"(the way)을 단지 "하나의 길"(a way)로 생각하여 진리를 상대화하고 있습니다.

이러한 포스트모던 시대에는 절대적 진리는 존재하지 않게 되어 기존의 교회관과 구원관이 흔들립니다. 이로 인해 과거에 가득 채워졌던 교회당이 텅텅 비어가고 있습니다. 통계에 의하면 유럽에서 180만 명의 인구가 해마다 교회를 떠나고 있다고 합니다. 반기독교적 사회(anti-christian society)로 변하고 있는 것입니다.

이러한 정황으로 인해 교회는 선교의 어려움이 생겼습니다. "무엇이나 좋다."(Anything goes.) "모든 것이 옳다."(Everything is all right.) 지금 한국 교회는 자신도 모르게 21세기 다원주의 문화에 영향을 받고 있습니다.

젊은이들이 교회를 떠나는 이유도 시대와 무관하지 않습니다.

교회가 젊은이들의 언어를 잃어버리고 그들의 의식과 감정과 생각을 따라가지 못하고 있습니다. 교회는 성령의 능력의 시대에 새 방언을 말할 수 있어야 합니다.

08 교회는 세상에 어떻게 화해의 복음을 전할 수 있을까요?

정치적으로는 대립이 반복되고 상승되는 여와 야, 경제적으로는 빈부의 양극화, 농촌과 도시의 심한 격차, 사회적으로는 기성세대와 젊은 세대 간의 가치관의 분열, 지방적으로는 동과 서의 반목질시 그리고 민족적으로는 남과 북으로 나누어져 있는 이 현실에서 전체 인구의 25%가 넘은 한국 교회는 사회를 향해 무엇을 했습니까?

이 현실에서 교회는 사랑과 용서 그리고 화해의 복음을 전해야 할 책임이 있었습니다. 오히려 이 분열된 사회를 고치기는 고사하고 하느님의 자녀라고 고백하는 교회에서마저 교파로, 지방으로 분열하고 대립하며 드리는 예배와 종교적 활동은 무엇을 위한 것입니까?

한국 교회는 평화를 만드는 교회(마 5:9)가 되기 위해 선교 2세기를 달리면서 교파간의 분열과 대립, 같은 교파 안에서의 교권다툼, 지방 교리 등으로 갈라지는 부끄러운 역사를 완전히 십자가에 못 박아 버리고, 부활한 예수의 몸, 성령에 의해 하나가 되는 교회로 거듭난 역사를 만들어가야 할 것입니다.

한국 교회가 사랑과 용서와 화해의 복음을 실현할 수 있는 것

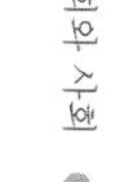

은 항상 우리의 귀에 들려오는 주님의 말씀, "세상에서는 네가 환난을 당하나 담대하라. 내가 세상을 이기었노라."(요 16:33), "내가 세상 끝 날까지 너희와 항상 함께 있으리라."(마 28:20)고 하신 약속 때문입니다. 예수 그리스도가 주신 평화와 화해의 복음을 통해 새 하늘과 새 땅이 도래하고 있습니다.

09 성문 밖 교회에 대해서 생각해 보세요

"이는 죄를 위한 짐승의 피는 대제사장이 가지고 성소에 들어가고, 그 육체는 영문 밖에서 불사름이니라. 그러므로 예수도 자기 피로써 백성을 거룩케 하려고 성문 밖에서 고난을 받으셨느니라. 그런즉 우리는 그 능욕을 지고 영문 밖으로 그에게 나아가자."(히 13:11-13)

위의 히브리서 13장을 보면 예수께서 성문 밖에 서 계시는 것을 볼 수 있습니다. 예수는 목회 지역을 갈릴리로 택했습니다. 갈릴리는 예루살렘 성과는 대조적으로 소외당한 사람들의 거주지역입니다. 성문 밖 교회란 바로 주변부로 밀려난 사람들을 위한 교회를 말합니다.

거대한 성(城)이 된 교회에 거지나 창기가 들어갈 수 있을까요? 기존 교회는 체제로 굳어져 하나의 질서를 만들어놓았습니다. 철저한 이기주의 집단이고, 현재의 사교장이 되어버렸습니다. 이웃을 위한 일보다는 자기 보존과 자기 확대를 위한 장소가 되어버렸습니다.

성문 밖 교회는 어렵고 힘겹게 살아가는 사람들과 함께 고뇌하고, 민중과 함께 살고, 함께 싸우고, 기도하고 예배하는 공동체를 말합니다. 그것은 이미 예수 그리스도가 성문 밖에서 고난을 당하는 것처럼 그들과 함께 연대(solidarity)하는 교회를 말합니다. 그것이 참된 의미의 예수 그리스도의 교회입니다.

기존의 교회는 이러한 교회를 지향해야 하며, 우선 당장은 체질 개선을 못하더라도 적어도 그러한 교회를 지원하는 일부터 시작해야 합니다. 그것을 통해 교회가 참으로 개혁되는 것을 체험하게 될 것입니다.

10 한국 교회가 사회 참여할 수 있는 길은 무엇인가요?(1)

한국 교회의 사회 참여는 한국 교회의 과제가 되어야 합니다.

첫째, 먼저 한국 교회는 "자본주의적 사고"에서 벗어날 수 있어야 합니다. 한국 교회는 자본주의에서 성장했습니다. 그러나 자본주의적 사고를 통해 물질주의가 우리의 신앙을 병들게 했다는 것도 함께 기억해야 될 것입니다.

둘째, 한국 교회는 도덕과 윤리가 땅에 떨어지고 있는 사회(community)를 구원할 수 있어야 합니다.

셋째, 한국 교회는 동서의 분열을 치유할 수 있어야 합니다. 한국 교회는 보수 진보를 떠나 교회의 유기적 공동체 형성, 동서화합

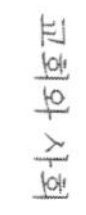

을 위한 사회 통합을 마련하는 데 기여해야 합니다.

넷째, 한국 교회는 우리 민족의 숙원인 남과 북이 통일되도록 협력하고 힘을 모아야 합니다. 남과 북을 나눈 분열의 죄를 회개할 수 있어야 합니다.

다섯째, 한국 교회는 세계교회와 연대를 같이하여 세계의 제반 문제들 핵 문제, 빈곤문제, 전쟁문제, 인권문제, 생태계 파괴문제를 해결하기 위해 노력해야 할 것입니다.

이제 한국 교회는 복음의 힘으로 동과 서를 통합하고, 남과 북을 통일시키는 매개체 역할을 할 수 있어야 할 것입니다.

11 한국 교회가 사회 참여할 수 있는 길은 무엇인가요?(2)

한국 교회는 세계선교사상 가장 빠른 성장을 하여 시선을 집중시키고 있습니다. 그 빠른 성장 이유를 한국인의 종교적 심성과 고난의 역사가 기독교와 맞아떨어졌다고 합니다. 1984년 한국 개신교는 100주년을 맞이하면서 문공부 통계에 따르면 전 인구의 1/4에 해당하는 1천 명의 기독교 신자들이 있었습니다.

그러나 한국 교회 100년을 보낸 지 20년이 넘지만 성장이 되지 못하고 있습니다. 한국인의 종교적 심성이 이전과는 달라졌기 때문일까요? 그렇지 않습니다. 그 원인이 어디 있을까요? 그것은 성숙하지 못한 한국 교회의 모습에서 그 요인을 찾아야 되지 않을까요? 그것을 교회의 사회성에서 찾아볼 수 있을 것 같습니다.

교회의 성장이 멈춘 것은 교회가 복음을 개인의 차원에서만 적용하고 사회 문제에 대해서는 소극적 내지는 동조하는 일에 다반사였기 때문입니다.

교회는 복잡한 사회 속에서 자기 존재의 의미를 부여하기 위하여 생활의 부정적인 면에 관해서는 "눈을 감아버리고" 스스로가 다른 사람들보다 우월하다고 여겨지는 사실의 어떤 낌새에만 관심을 집중시키는 이른바 자기 존재의 정당화를 위한 방어체재를 구축한 것입니다.

이것을 회개하고 사회의 불의에 대해 예언자적 외침을 계속해서 하여야 되지 않을까요?

제 3 부

하나의 교회

예수 그리스도는 인류를 하나로 만드는 사랑의 띠입니다.
세상이 화해하지 못하고 있는 것은 우선 교회가 하나가 되지 못했기 때문입니다.

제 7 장

교회의 분열

교회분열에 대한 영어 단어의 사전적 의미에는 separation 과 division이 있습니다. 말하자면 복음을 위한 "분열"(separation)이 있고, 복음에 역행하는 "분열"(division)이 있습니다. 그러나 전자든 후자든 언제나 그리스도 교회는 하나라는 에큐메니컬 이해를 할 수 있어야 합니다.

01 기독교의 교파들은 어떻게 시작되었나요?

예수 그리스도의 복음이 성령의 역사 속에서 예루살렘에서 시작하여 유다와 사마리아를 넘어 헬라 세계, 라틴 세계, 게르만 세계, 아메리칸 세계, 아프리카 세계, 아시아 세계에 퍼지면서 교파를 형성하게 되었습니다. 교파의 형성은 어떤 의미에서 복음의 씨가 떨어지는 밭과의 관계에서 불가피했는지 모릅니다.

키프리아누스(Cyprianus)의 말처럼 "누구든지 교회를 어머니로 섬기지 않는 자는 하느님을 아버지로 모실 수 없다"고 했는데, 어머니로서 교회는 세 딸을 거느린 셈입니다. 즉 동방 정교회, 로마 가톨릭 교회, 개신교가 그것입니다.

그러나 그리스도인은 예수를 그리스도로 고백하고, 그 기초에 근거하여 세례를 받은 자들입니다. 따라서 기독교인들은 둘로 나누어질 수 없습니다. 유대인이나, 헬라인이나 종이나 자유한 자나 남자나 여자 모두가 그리스도 안에서 하나이기 때문입니다. 신도들 모두가 주의 음성만을 듣고 하느님의 은총만을 생각했다면 분열이 일어나지는 않았을 것입니다.

최초의 분열인 고린도 교회의 분열은 자신들의 정욕으로 바울파, 아볼로파, 게바파 등을 만든 것으로 시작되었습니다. 따라서 파벌주의는 죄입니다. 이러한 분열은 기독교 역사에서 계속해서 나타났습니다. 따라서 분열하면서 교파를 강조하는 교인들이 참된 그리스도인이라고 할 수 있을까요?

02 교회 분열의 원인은 무엇이었나요?

교회 분열의 시작은 우선 지리적으로 기원후 395년 로마제국이 동서로 분열된 데 있습니다. 서방은 로마, 동쪽은 콘스탄티노플 중심으로 발전하기 시작했습니다. 당시 로마제국은 가톨릭(우주적) 교회라는 의미를 가진 하나의 교회로 통일되어 있었습니다. 그러나 476년 서로마가 망한 후부터는 통일성에 금이 가기 시작했습니다.

그러나 분열의 직접적 원인은 로마 교구의 교황과 콘스탄티노플 교구의 대주교간의 교권 쟁탈에 있었습니다. 서방교회가 주교에서 교황으로 승격되자 동방교회는 서방의 교황권을 부정하면서 동방교회와 서방교회는 1054년에 갈라지게 되었습니다. 그 후 1453년 이슬람의 터키 군에 의해 콘스탄티노플이 점령되자 그리스 정교회 대주교가 러시아로 피난하여 러시아 정교회가 또 탄생된 것입니다.

동과 서로 분열된 것은 교리적인 이유도 있었지만 실제로는 정치적 요인으로 콘스탄티노플 주교와 로마의 주교와의 권력 투쟁이었고, 문화적으로는 라틴어 문화권과 헬라어 문화권 간의 충돌이었으며, 지리적 인종적 문제와도 연관되어 있었습니다. 특히 지중해 연안의 기독교 국가들의 경제권을 뚫고 들어가지 못했던 마호메트가 무역의 길을 확보하기 위해서 이슬람교를 구상해 경제적 정치적 결속을 통해 대응함으로써 아브라함의 자손들끼리 숙적이 되어 오늘에 이르고 있습니다.

동방교회와 서방교회의 차이점과 공통점은 무엇인가요?

기독교를 크게 둘로 나누면 동방교회와 서방교회로 나눌 수 있습니다.

그 차이점을 살펴보면,

1) 성령의 발현이 동방교회에서는 성부로부터 나온다고 했지만 서방교회에서는 성부 "그리고 성자로부터"(filioque) 나온다고 했습니다.

2) 서방교회는 동정녀 마리아의 무죄성을 주장하지만, 동방교회는 이를 반대합니다.

3) 서방교회는 성상뿐만 아니라, 성자들의 초상과 조각상을 숭배하지만, 동방교회는 성상화(icon)만을 인정합니다.

4) 서방교회는 사제에게 독신을 요구하지만, 동방교회는 하급 사제의 결혼을 허용합니다.

5) 서방교회는 성찬식에서 평신도에게 떡만 줄 때도 있지만, 동방교회는 떡과 잔을 같이 줍니다.

6) 서방교회는 교황의 세계적인 권위와 무오성을 주장하지만 동방교회는 이를 반대합니다. 동방교회는 서방교회를 이단으로 간주합니다.

공통점은,

1) 성상화, 성유를 중요시하며 예배의식과 성례전이 같습니다. 일곱 가지 성례와 죽은 자를 위한 미사, 사제의 교권의 절대성을 믿습니다.

2) 사도 신조와 니케아 신조를 서로가 수용합니다.

3) 성경과 전승과 종교회의를 신앙의 중요한 요소로 믿습니다.

4) 선행을 통한 공로를 구원의 조건으로 합니다.

5) 마리아는 "하느님의 어머니"(theotokos)로 숭배합니다. 성전과 각종 예배 그리고 모든 성무 일에 드리는 기도에서 마리아와 그리스도의 이름이 동시에 사용되고 있습니다.

04 교회 분열의 시대적 배경은 무엇인가요?

윤리학자 리처드 니버(Richard Niebuhr)는 『교회 분열의 시대적 배경』이라는 저서에서 교회의 분열은 박해를 받을 때보다는 오히려 세력을 가졌을 때였다는 것을 지적하고 있습니다.

콘스탄티누스 대제가 기독교를 공인(AD 313)한 후 테오도시우스 황제에 이르러 국교(AD 392)가 되자, 기독교는 갑자기 가진 자와 부리는 자의 종교로 변질되었습니다. 교회가 박해를 받을 때는 주 안에서 일치했지만 세력으로 등장하자 분열하기 시작한 것입니다. 그 이후에 일어난 십자군 전쟁(11세기-13세기)은 정치와 종교와 경제가 밀착된 기독교의 세력화를 더 잘 말해주고 있는 것이지요. 이로 인해 교회의 분열도 함께 나타나기 시작한 것입니다.

그러면 한국의 경우는 어떠할까요? 한국에서 에큐메니컬 운동의 역사를 살펴보면 1924년 예수연합공의회로부터 시작됩니다. 하지만 각 교파로 나누어져서, 선교지를 서로 쟁탈하는 추태를 보이

기도 했습니다. 이 땅의 선교전선을 하나로 만들고자 했음에도 불구하고 한국 교회는 계속 분열을 거듭했습니다. 한국 교회의 분열의 대부분은 한국 교회가 성장할 때 일어났고, 그 원인도 교권다툼이나 이해타산에 얽매인 경우가 많았습니다. 분열(division)은 어떤 이유로도 합리화할 수 없습니다. 분열은 결코 하나님의 선한 뜻에 합치되지 않기 때문입니다.

05 종교개혁의 의미는 무엇인가요?

1517년 마르틴 루터가 면죄부 판매 등의 교회의 부패에 대해 95 조항으로 발표한 선언문은 그 당시 로마 가톨릭 교회에 대한 개혁이었습니다. 그런 의미에서 "종교개혁"이라기보다는 "교회 개혁"이라는 말이 더 옳다고 생각합니다.

그러나 서방의 기독교는 "종교개혁"(Reformation)이라는 이름으로 깃발을 꽂고 교회를 개혁하는 과정에서 루터교, 장로교, 감리교, 침례교 등 교파의 분열(separation)을 초래했습니다. 이러한 분열(separation)은 그 나름대로의 역사적 의미를 가지고 있습니다.

그러나 교회 정치의 주도권(hegemony) 쟁탈전을 위한 분열들(divisions)은 씻을 수 없는 오점으로 남게 되었습니다. 이러한 거듭된 교회의 분열들(divisions) 때문에 기독교가 다른 종교에 비해 가장 전투적이며 편협하다는 비난을 받고 있습니다. 교회는 이제 분쟁과 분열을 수치로 여기고 회개하여 연합과 일치 운동에 나서서 하나의 교회를 회복해야 할 것입니다.

종교개혁자들이 오직 믿음, 오직 은총을 말했을 때, 그것은 아리스토텔레스의 목적론적 윤리 철학에 바탕을 둔 가톨릭 신학에 종지부를 찍는 사건이었습니다. 오늘 한국 교회는 그 당시 복음을 율법으로 변질시킨 가톨릭 교회의 오류를 반복해서는 안 될 것입니다. 마치 구원이 헌신하는 경건의 업적으로부터 오는 것인 양 강조함으로써 종교개혁에서 강조한 믿음(sola fide)과 은총(sola gratia)의 복음을 소홀히 하지 않나 살펴볼 때입니다.

06 개신교의 탄생은 어떻게 이루어졌나요?

좋은 신앙과 신학을 가지고 십자가를 세우는 충실한 교회가 곳곳에 세워지는 일은 아름다운 일입니다.

개신교(protestantism)의 유래는 기독교의 뿌리와 무관하지 않습니다. 기독교라는 말은 안디옥 감독인 이그나티우스(Ignatius)가 "그리스도인들"(Christians)을 표현한 데서부터 비롯되었습니다. 그 후 2000여 년 간의 역사 속에서 여러 가지 형태와 분열을 거듭하였습니다. 맨 처음 분열이 1054년 동방과 서방교회의 분열이 있었고, 16세기에 들어와 로마 가톨릭 교회에 대항하는 루터교회, 개혁교회, 성공회 등이 일어나면서 분열을 가져왔습니다.

루터는 1517년 10월 31일 대학 게시판으로 사용하는 교회정문에 속죄권을 비롯한 교회의 부정적 문제를 지적하는 95개조의 항의 문을 붙여 신학적으로 토론을 하고자 했습니다. 그러나 이 일은 예상 외로 확대되어 종교개혁에 이르게 되었고 개신교가 탄생된 것입니다. 개신교는 당시 가톨릭 교회의 교황주의와 교회주의와는 다르게 오직 하느님의 절대주권과, 하느님을 통한 온전한 계시, 오직 하느님께만 영광, 믿음으로 의롭게 된다(롬 1:17, 3:21-26)는 구원의 진리를 분명히 한 것이었습니다.

이후 종교개혁 운동은 스위스, 영국, 스코틀랜드, 프랑스, 네덜란드, 스칸디나비아 반도 등에서 계속 되었고, 지금도 교회가 있는 모든 곳에서 계속 되고 있습니다. 이와 같은 개혁운동으로 인해 개신교의 여러 교파의 교회가 발생한 것입니다. 그러나 또한 이러한 교파의 형성은 땅 끝까지 복음이 전파되는 계기가 되었습니다.

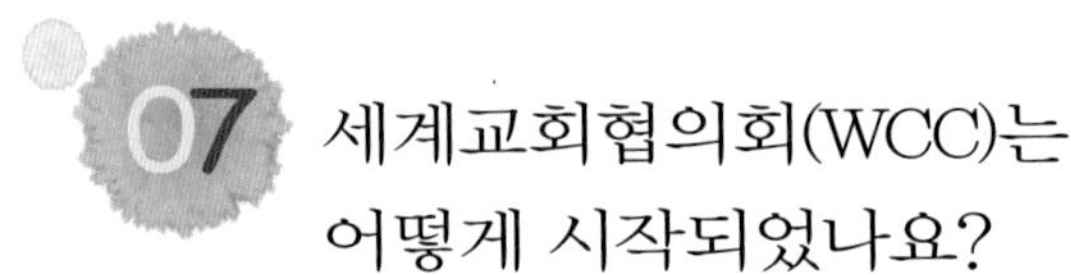

07 세계교회협의회(WCC)는 어떻게 시작되었나요?

세계교회협의회(World Council of Churches)는 교회 분열과 세상 분열에 관심을 가지고 그것을 치유하기 위해 세계에 흩어져 있는 교회들이 모여 이룬 에큐메니컬적 기구입니다.

세계에 흩어져 있는 그리스도의 교회들은 제1차 세계대전 이후 인류에 대한 새로운 책임을 자각하고 교회의 선교적 과제를 찾기 시작했습니다. 세계교회는 1910년 에든버러에서 열린 세계선교대회(W.M.C.)를 기점으로 한편 에큐메니컬 운동을 활발히 진행시켰습니다.

제2차 세계대전 후 교회는 세계 속에서 더욱 책임을 실감하고 에큐메니컬 운동에 박차를 가했습니다. 이윽고 1948년 암스테르담에서 44개국의 147교회의 대표들이 모여 "세계기독교협의회"(WCC)를 탄생시킨 것입니다. 교회가 하나가 되려는 운동에 대한 참여는 성령의 부르심에 대한 응답입니다.

로마 가톨릭 교회는 1965년 뉴델리에서 열린 제3차 총회에서 정식으로 옵서버를 파송했고 그 이후부터 세계 속에서의 책임을 함께 감당하고 있습니다. 이러한 운동들과 함께 세계 곳곳에서, 나누어졌던 교회들이 일치운동을 통해서 하나로 묶여지고 있습니다. 우리는 오늘과 같은 사회적 상황 속에서 일치와 협력이 전제되지 않고는 그 선교적 사명을 감당할 수가 없습니다.

이제 한국 교회도 세계교회와 연대하는 운동에 힘을 보태야 할 것입니다.

에큐메니컬 운동은 왜 해야 하는가요?

분열된 교파와 교회의 일치 운동이 에큐메니컬 운동입니다. 에큐메니컬 운동은 성서적 운동입니다. 이 운동의 기초는 하느님도 하나요, 그리스도도 하나요, 성령도 하나이며, 성경도 하나요, 세례도 하나며, 성찬도 하나라는 데 있습니다.(엡 4:4-6) 또한 에큐메니컬 운동은 예수 그리스도가 최후의 만찬에서 아버지와 하나 되는 것처럼 그리스도 안에서 모두가 하나(요 17:21)라는 사실에 기인합니다.

세계 속에 있는 교회는 세계에 희망을 줄 수 있어야 합니다. 분열된 세계가 희망이 될 수는 없습니다. 희망이 되기 위해서 교회는 세계의 분열을 치유하는 선두에 서 있어야 합니다. 하나의 세계, 하나의 희망.(one world, one hope.) 마찬가지로 한 나라에 교회가 있다는 것은 교회는 국민에게 희망이어야 한다는 것입니다. 그리스도가 세상의 희망이듯이 그리스도의 교회가 세상에 있는 한 세상은 아직도 희망이 있습니다.

교회가 세상의 희망이 되기 위해서 교회는 한 마음을 가지고 세상을 섬겨야 합니다.

상처투성이인 세상은 분열된 교회에서 "희망이 없는 희망"의 소리를 듣고 있는지도 모릅니다. 국가가 회피하고 유엔(UN)이 외면하는 사회의 어두운 곳, 예를 들면 Aids로 죽어가는 사람들, 소수민족의 아픔 등에 관심을 가지고 구체적으로 교회가 나서야 합니다. 왜냐하면 그곳은 주님께서 말씀하시는 21세기 오늘의 강도 만난 현장이 될 수 있기 때문입니다. 더욱 실천적인 것은 그곳을 찾아가 돕는 것입니다. "와서 보고 도우라!"(Come and see, and help!)

교회의 에큐메니컬적인 의미는 무엇인가요?

오늘의 교회는 "세계는 하나다"라는 에큐메니컬적 친교(koinonia)를 요구합니다. 상이한 인종들, 계급들, 문화들, 거주 지역들이 모여서 그리스도의 몸을 이루는 에큐메니컬적 이해에서 새 시대의 새 교회의 모델을 보게 됩니다.

서로 다르고, 차이가 있지만 그리스도를 통한 화해(딤전 2:4)가 일어납니다. 바울은 그리스도의 몸으로서 교회의 우주적 성격을 밝히고 있습니다. 그리스도는 우리의 평화의 근거로서 유대인이나 이방인 사이의 담을 헐은 자입니다.(엡 2:14) 따라서 그리스도 안에서 모두가 일치합니다.

이와 같이 에큐메니컬 교회는 다양성 속에서 일치를 지향합니다. 역사에 나타난 교회 가운데는 불행히도 어느 한쪽에 편중되어 나타나기도 했습니다. 가령 가톨릭 교회관의 문제점은 교회가 보편적으로 획일화되어 쉽게 모인다는 사실에 있습니다. 반면에 개신교는 각기 자주적 개별성의 특징을 가지고 있어 보편성이 약합니다. 이것이 분열을 초래한 것입니다.

21세기는 경쟁과 분열의 이데올로기에서 협력과 일치를 위해 연결망(network)을 구축하여 서로가 상생할 수 있는 "팀 워크"(team work) 시대입니다. 평신도들에게는 더 이상 교파가 문제시되지 않고 있습니다. 시대를 내다보는 자는 교파의 벽이 무너지고 있는 소리를 듣고 있습니다.

제 8 장

일치를 위한 신학적 연구

교회의 일치는 하나님의 말씀의 두 축인 성경과 성만찬에 기초하여 교회를 바로 세울 때 이루어질 것입니다.

빈의 카를 교회

01 다양성 속에서 일치란 무엇인가요?

우리의 몸을 살펴보면 많은 지체로 구성되어 있습니다. 몸에 붙은 지체들은 다양합니다. 이름도 다르고 하는 일도 각기 다릅니다. 눈, 코, 귀, 입 그리고 팔다리와 같이 몸 밖에 있는 지체가 있는가 하면, 심장, 간, 폐, 신장처럼 몸 안에 있는 지체들도 있습니다. 이 지체들은 각기 처소에서 각기 맡은 바 역할이 있습니다. 몸 안에 있는 지체가 몸 밖으로 나오거나, 몸 밖에 있어야 할 지체가 몸 안으로 들어가면 안 됩니다. 몸 안에 있어야 할 심장이 몸 밖으로 튀어나온다면 자기 지체도 죽고 몸도 죽입니다. 몸 밖에 붙어 있어야 할 손과 발이 몸 안으로 들어가도 마찬가지입니다. 모든 지체는 몸을 위해 있고, 그 몸은 다시 머리의 지시대로 움직여야 합니다.

몸과 지체의 비유를 사회에 적용시켜 보면 어떨까요. 오늘의 복잡한 사회를 살아가면서 우리는 타인을 이해하고 수용하는 것이 얼마나 요구되는지 모릅니다. 지역의 차이, 민족의 차이, 문화의 차이, 어른과 아이의 차이, 남녀의 차이 등등. 하느님은 차이를 불편하기보다는 상호보완적이 되도록 창조하셨습니다. 차이를 불편으로 느낄 때 문제가 되지만 감사함으로 받을 때는 다양함과 풍성함이 되는 것입니다. 때때로 신도들 가운데 교파를 주장하면서 교회를 수호한다는 명분 아래 자칫 배타적이고 분리적으로 나가는 경우가 있습니다. "믿음이 좋은 사람"이 오히려 대화가 안 되고 독선적이고 자기중심적이기 쉬운 이유가 그런 것입니다. 마찬가지로 교회의 구성원 모두는 유기체적으로 구성되어 공동 목표인 하느님의 영광을 드러내야 합니다. 따라서 서로 사랑하고 섬기는 자세가 필요한 것입니다. 다양한 목소리가 각각 고유의 음을 내야 아름다운 화음을 이루어 일치(unity)를 이룹니다.

 복음주의 신학이란 무엇인가요?

복음주의 신학은 자유주의 신학(19세기)을 비판하고 나온 20세기 성서중심의 운동, 예컨대 근본주의(미국)와 신정통주의(유럽)를 의미합니다. 그 당시 미국에서는 교단적인 연합들 속에서 복음주의는 연합감리교회, 연합장로교회, 복음주의적 루터파 교회, 남부침례교회에서 사용되었습니다.

독일에서는 로잔 복음주의협의회에 참석한 사람들을 묘사하기 위해 영어단어에서 유래한 "복음적인" 단어를 만들어 냈습니다. 여기서 복음주의는 신학적 의미가 아니라 총칭적인 의미로 사용되었습니다.

복음주의의 가장 큰 특징은 소위 보수주의 대 자유주의의 대결구도를 전제하고 있는 점입니다. 이러한 자유주의와 반대로서 보수주의 의미는 정통주의 혹은 전통주의의 동의어로 사용하고 있습니다. 주로 성서의 의인(義認)사상 영향 아래 있는 침례교회, 초기 감리교회(현재 연합감리교회는 성화 중심), 웨슬리 전통의 교회가 복음주의로 분류됩니다.

한국 교회에서 복음주의는 개혁신학 내지는 보수정통 신학과 통합니다. 사실 개혁신학은 대륙에서 칼뱅 신학과 영국에서 존 낙스 사상 그리고 미국의 장로교 사상을 의미하고 있습니다. 현대 복음주의 신학은 미국 근본주의자들이 신봉하는 핵심 교리를 그대로 주장하고 있습니다. 최근 연합감리교단은 웨슬리안 전통에 서 있으나 근본주의적 신학과는 차이를 보이고 있습니다.

03 한국 교회의 신학은 어떤 종류가 있나요?

한국 교회의 신학은 크게 나누어 정통 보수주의 신학과 진보주의 신학이 있습니다. 정통 보수주의 신학은 상황보다는 성경을 사회적 일보다는 교회와 신앙을 더욱 중요시합니다. 여기에 반해 진보주의 신학은 사회를 정화하는데 더욱 관심을 쏟고 있습니다.

진보주의 신학 가운데는 사회참여 신학과 토착화신학이 있습니다. 사회참여 신학은 사회의 구조적 모순을 통찰하고 사회 개혁 내지는 혁명을 기대합니다. 사회적 문제에 대한 관심을 보면, 정통 보수주의가 사회구조의 변경 없이 사회적(sozial)인 문제에 관심을 가지고 있다면, 사회참여 신학은 보다 더 근본적 사회 변화를 추구하는 "사회주의적"(sozialistisch) 문제를 다룹니다.

토착화신학은 한국 문화 내지는 동양종교와의 만남을 시도하는 문화신학을 추구합니다. 한국에 있는 주요 4개의 신학대학 별로 살펴보면,

장신대학: 복음주의 90%—참여신학 10%

한신대학: 복음주의 70%—참여신학 20%—문화신학 10%

감신대학: 복음주의 40%—문화신학 60%

총신대학: 복음주의 100%라고 말할 수 있지 않을까 생각합니다.

여기서 우리는 한국 교회의 신학의 건전한 발전을 가로막는 가장 커다란 장애를 닫힌 보수와 닫힌 진보라고 진단하고, 마음을 열어 열린 보수와 열린 진보의 사고로 보수주의와 진보주의를 변증법으로 엮어 제3의 길을 모색해야 될 것입니다. 한국기독교목회자협의회가 그러한 방향을 잡고자 하는 것 같습니다.

04 개혁주의 신학이란 무엇인가요?

개혁주의 신학의 뿌리는 16세기 종교개혁에 두고 있으며, 대륙에서는 칼뱅의 신학, 영국에서는 존 낙스의 신학, 미국에서는 주로 장로교회로 구성되어 있는 개혁 교회교단들, 한국에서 개혁신학은 보수신학을 말합니다. 그 가운데는 정통보수 개혁신학, 정통보수신앙, 개혁보수, 개혁정통 등의 언어들이 신학사상과 교단의 이름으로 사용됩니다. 그러나 개혁과 정통은 서로 어울리기 어려운 단어입니다. 개혁이란 지금까지 정통이라고 믿어왔던 과정에 머물지 않고 변화와 혁신을 요구하는 단어이기 때문입니다. 이러한 이율배반적인 두 단어가 아무 충돌이나 갈등 없이 한국 교회 안에 자리잡고 있는 것은 "개혁"의 의미를 바르게 이해하지 못한 결과라고 봅니다.

이러한 보수적 성향의 한국 기독교는 16세기 개혁자들과 그 뒤를 이은 17세기 정통주의자들에 의해서 완성된 그 신학과 신앙을

보수하는 것이 개혁신학과 개혁신앙으로 보고 있는 것 같습니다. 그러나 이것은 "개혁하는 교회"가 아니라 이미 과거에 이루어진 정형화되고 교리화된 "개혁된 교회"를 수정 없이 답습한다는 것이 되고 있는 것입니다. 이 결과 대부분 한국의 개혁보수정통 교회들이 "개혁"이라는 이름에도 불구하고 개혁적이지 못하고 보수적 소극적 상태에 머물게 된 것입니다. 이미 과거에 "완성된 개혁"이란 오늘의 신앙의 삶의 현장을 다스릴 수 없게 된 것입니다. 그것은 신앙과 생활의 괴리를 가져올 뿐입니다. 오늘날 개혁, 정통, 보수를 표방하고 교회가 더 분열적이고 세속적이며 비신앙적이라는 비판이 제기되고 있습니다. 그것은 교회가 교회되기 위해서는 "교회는 항상 개혁되어야 한다"는 명제를 다시 수행해야 한다는 과제를 보여준 것이기 때문입니다.

05 장로교와 감리교의 다른 점은 무엇인가요?

칼뱅이 죽은 지 50년이 지난 후 칼뱅의 후계자들은 아르미니안주의(Arminianism)를 막기 위하여 네델란드 도르트회의(1618-1619)에서 칼뱅주의 5대 강령(TULIP)을 발표한 바 있습니다. 1) 전적 타락(Total depravity) 2) 무조건적 선택(Unconditional election) 3) 제한적 구속(Limited atonement) 4) 불가항력적 은혜(Irresistible grace) 5) 성도의 인내(Perseverance of the saints). 누구든지 5대 강

령을 받아들일 때 영생을 얻는다고 가르칩니다. 칼뱅주의 사상에 기초를 둔 장로교는 하느님의 주권, 하느님의 영광, 하느님의 섭리, 하느님의 예정 사상 속에서 그리스도인의 근면함을 강조했습니다. 그에 반해 감리교는 칼뱅의 예정의 교리 외에는 칼뱅의 전통을 그대로 받아들이고 있습니다.

또한 장로교는 인간은 철저하게 죄인인데 하느님의 은혜로 의롭다 인정해주셨다는 의인(義認, justification) 사상에서 출발합니다. 이러한 하느님의 사랑은 이웃을 향하는 실천, 즉 그리스도인의 윤리로 이어집니다. 이에 반해 감리교는 인간의 내면에 하느님의 조명이 들어 있다는 전제 아래서, 거룩하고 성결한 삶을 실천해 나아가는 성화(聖化, sanctification)의 과정을 강조합니다. 이러한 신학의 흐름은 성화와 중생의 교리와 연결됩니다. 예컨대 신앙과 이성, 신앙과 행위, 성경과 전통 등을 연계하는 보편적인 구원론으로 연결됩니다. 장로교가 교리적이고, 사회참여적 개혁성이 있다면 감리교는 수도사적이고, 경건적인 입장에 서 있다고 할 수 있습니다. 그러나 한국에서 양 교파는 선교사들 각자의 신앙적 성향에 따랐다고 볼 수 있습니다. 특히 한국에 들어온 선교사들은 오로지 복음을 전도한다는 목표 아래 교파를 따질 겨를이 없었습니다.

06 성화의 삶이란 무엇인가요?

성화에 대한 보다 많은 비중을 두고 있는 교회는 전통적으로 성결교, 감리교, 침례교, 오순절 교회 등이라고 할 수 있습니다.

일반적으로 전통적인 기독교 신학에서 "하느님의 형상의 회복"으로 이해되며, 이를 표현하는 용어는 매우 다양합니다. 성결, 기독교의 완전, 온전한 그리스도인, 제2의 축복, 현재적 구원, 온전한 구원, 성령세례 등과 관련하여 사용합니다.

신학에서 성화(sanctification)를 논할 때, 보통 "신분상의 성결"과 "경험적 성결"로 구분합니다. 즉 구원받아 하느님의 자녀가 된 자는 신분상으로 성별된 자이기 때문에 "성도"라고 칭합니다. 그러나 하느님은 동시에 하느님의 자녀가 거룩하기를 원합니다. 여기서 우리는 경험적 성화를 말하게 됩니다.

웨슬리에 의하면 온전한 성화와 성결, 즉 그리스도인의 완전은 회개와 믿음으로 그리스도의 대속에서 마련한 성화의 은혜를 받는 것입니다. 신자는 온전한 성화의 단계에서 모든 내재적 죄에서 씻음을 받으며 하느님의 부르심에 종사하기에 합당한 능력을 은혜로 받는데, 바로 이것을 웨슬리는 "기독자의 완전"이라고 불렀습니다. 이 은혜는 육신을 가지고 사는 현세에도 얻을 수 있는 은혜라고 가르쳤습니다. 이런 성결의 메시지는 18세기 영국교회와 사회를 부흥케 하였습니다. 이 운동은 19세기 성결 운동과 오순절 운동으로 다시 꽃을 피웠습니다.

개혁자들(루터, 칼뱅)의 사상과 웨슬리의 사상은 어떻게 다른가요?

루터와 칼뱅은 당시 로마 가톨릭 교회의 행위가 구원의 조건이 되는 공적 사상이 복음의 본질을 해칠 수 있다고 보고 오직 은총과 오직 믿음으로만의 표어가 메아리치도록 한 것입니다.

루터와 칼뱅이 말한 의인(義認, justification by faith) 사상은 "그리스도를 믿는 사람은 의롭다."는 선언입니다. 여기서 의롭게 된다는 의인(義認)은 죄인이 실제로 의인(義人)이 된다는 것이 아니라, 예수 그리스도의 속죄를 믿는 믿음을 통하여 다만 의롭다고 선포되는 것입니다. 의인(義認)을 통해 죄인은 죄의 용서 및 죄책에서 벗어남을 얻을 뿐만 아니라, 의(義)의 전가로 그리스도의 의로움을 덧입고 하느님 앞에 의롭게 설 수 있게 되는 것을 말합니다.

웨슬리는 의인(義認)의 성경적 의미를 죄의 용서로 보았습니다. 이는 하느님 아버지께서 하시는 일로서 아들의 피로 인하여 이룩된 화해로 전에 지은 죄를 사하심으로 자기의 의로우심을 나타내는 일이라고 하였습니다.(웨슬리, "믿음에 의한 칭의", 설교 II-5) 그는 복음을 말함에 있어서 먼저 죄인으로서 자기 자신의 힘으로 구원을 위하여 아무 일도 할 수 없는 무능자라는 것을 인식시키고 다음으로 하느님의 은총을 힘입어 성화의 단계를 제시하는 것입니다.

웨슬리의 성화의 메시지는 "경험적 성화"를 강조함으로써 개인과 교회와 사회를 개혁해 나아갈 수 있었습니다. 이 점에서 신자가 육을 가지고 있는 한 죄에서 벗어날 수 없다고 전제하는 칼뱅이나 의인인 동시에 죄인이라고 하는 루터의 사상과는 입장을 달리합니다.

08 자유주의 신학이란 무엇을 말하는가요?(1)

자유주의 신학은 계시 중심의 신학이 아니라, 인간의 이성에 정초한 신학이라고 할 수 있습니다. 자유주의 신학에서 성경의 권위가 무너지고 있다고 우려한 근본주의자들은 소위 "나이가라 신조"라고 불리는 5개의 근본신조(Fundamentals)를 세상에 내놓았습니다. 1) 성서무오 2) 그리스도의 동정녀 탄생 3) 그리스도의 대속적 죽음 4) 그리스도의 육체적 부활 5) 그리스도의 재림을 확고하게 하는 것이었습니다. 그 입장은 자유주의가 그렇게 하지 못한다고 보았기 때문에 나타난 것입니다.

자유주의 신학은 계시 중심의 신학이 아니라, 이미 계시가 인간의 감정, 역사, 문화 속에 들어와 인간 중심으로 축을 바꾼 신학이라고 할 수 있습니다. 다시 말하면 인간과 문화와 역사를 제일의 가치로 여기는 신학입니다. 그들은 하느님이 인간이 되었으니, 인간들이 역사를 만들어갈 수 있다고 믿었습니다. 그들은 인간에 대한 절대적 신뢰로 문화와 역사를 낙관주의로 보았습니다. 그들에게 삶 그 자체가 예배였습니다. 그러나 예배와 찬양, 감사와 기도를 따로 드릴 하느님이 없어진 것입니다.

이것은 하나의 내용 없는 이야기를 떠올리게 합니다. 20세기 하느님 말씀의 신학자로 알려진 칼 바르트는 성탄절 설교에서 19세기 자유주의 신학자 슐라이에르마허의 성탄축제를 "아기 예수 없는 축제"라고 비판한 바 있습니다. 성탄의 축제는 메시아로 탄생한 아기 예수 때문이라는 사실이 간과되고 이미 도를 넘어 인간의 자율성을 극대화하는 주관주의로 빠졌던 것입니다. 결국 내용인 아기 예수를 잃어버린 현대인의 축제가 인간을 더 외롭게 만들었다고 본 것입니다.

09 자유주의 신학이란 무엇을 말하는가요?(2)

자유주의 신학에서는 빵과 인권과 환경을 최고로 생각합니다. 자유주의 신학에서는 하느님이 하늘에 계시는 것이 아니라, 우리 현실 속에 내재되어 있다고 가르치고 있습니다. 그것으로 하느님을 잃어버린 인문주의(Humanism)가 되어버린 것입니다.

자유주의 신학자들의 신관은 그리스도 중심이 아니라 신 중심의 사고를 하는 것이 보통입니다. 따라서 그들 가운데는 예수 그리스도 밖에도 구원이 있다고 말합니다. 자유주의 신학에서는 예수 그리스도는 세상에 하나의 빛일 뿐이라고 말합니다. 결국 이러한 인본주의적 사고는 제1차 세계대전과 제2차 세계대전을 치루는 과정에서 그 실체가 드러났습니다. 제2차 대전 시에 히틀러는 이미 독일 국민들에게 메시아가 되었습니다. 가난하고 굶주린 백성들에게 빵과 집과 일터가 주어졌을 때, 히틀러는 그들에게 메시아로 여겨진 것입니다.

그러나 메시아는 히틀러도, 공자도, 맹자도, 석가도 아닙니다. 그는 2000년 전 이 땅에 오셔서 역사에 참 빛을 던진 예수 그리스도

였습니다.

내용인 예수 그리스도를 중심으로 하지 않는 신학은 모두가 자유주의 신학이 됩니다. 인간은 빵만으로만 살지 않고 하느님의 입으로 나오는 말씀으로 삽니다. 이것은 우리가 깊이 생각해야 할 과제입니다. 영적 삶은 이미 빵을 넘은 새로운 차원인 것입니다.

10 칼뱅의 신앙관은 어떤가요?

칼뱅의 신앙과 신학은 장로교와 개혁교회 나아가 개신교 전체에 영향을 끼쳤습니다.

1) 신앙인은 하느님께 경배와 찬양을 즐거워하는 자입니다.

2) 신앙인은 성경 말씀대로 살고자 합니다. 예를 들면 일하기 싫어하거든 먹지도 말라는 말씀처럼 엿새 동안 힘써 일한 후 안식일을 지킵니다.

3) 신앙인은 기도하는 자입니다. 대제사장 뜰의 성소 앞의 휘장이 찢어진 것은 예수 믿는 사람은 누구나 제사장(만인 제사장, 마 27:50)처럼 직접 하느님께 나아가 기도할 수 있게 되었다는 표식입니다.

4) 신앙인은 청지기(steward)로서 하느님이 주신 건강과 지혜를 가지고 자신에게 위탁된 직업(calling)에 최선을 다합니다.(참고, 마태복음 25장의 달란트 비유) 부지런히 일하여 번 돈은 하느님께서 나에게 맡긴 것입니다.

5) 신앙인은 부지런히 일해야 합니다. 사회에서의 경제활동은 하느님의 뜻에 합당하게 자본을 형성하고 재투자하여 조성된 자금으로써 이윤을 추구하며 고용 창출, 세금 조성 등 건전한 사회 질서의 일익을 담당하여야 합니다. 또한 신앙인은 하느님 일에 적극적으로 협력해야 합니다.

6) 신앙인은 하느님이 맡기신 달란트, 즉 재능, 직업에 충실하여 제사장처럼 살아야 합니다. 즉 세상적인 저급 문화에 휩쓸려서는 안 됩니다. 생활은 경건하고 검소해야 합니다.

11 본회퍼의 루터와 바르트 비판은 무엇인가요?

본회퍼는 독일 나치 히틀러 제국시대에 항거한 현실참여 신학자와 목회자로서 알려졌습니다. 이러한 그의 현실참여 신학은 루터와 바르트의 소극적 태도를 못마땅하게 생각하고 비판을 가했습니다.

본회퍼의 루터에 대한 공격은 루터의 두 왕국 이론이었습니다. 루터는 수도원에서 나와 세상에서 개인의 믿음을 지키고자 했습니다. 그에게서 그리스도는 죄책을 짊어진 하느님이었습니다. 그러나 본회퍼는 루터와는 달리 한 걸음 나아가 신앙이란 한 개인에게 머무는 것이 아니라, 세상에서 공동체적 신앙 훈련을 중요시했습니다. 본회퍼는 타인을 위해서 죄를 짊어진 죄인이 되신 하느님을 보았습니다. 그는 성숙한 세상에 강조점을 두었고, 성서의 비종교적 해석을 시도했습니다.

본회퍼는 바르트가 19세기 자유주의 신학자 하르낙의 "사변의 유희"(Schuldogmatik)에서 벗어나 말씀 선포의 구체적 현실을 제시한 것을 그대로 받아들입니다. 그러나 본회퍼는 "유한은 무한을 파악할 수 없다."(finitum non capax infinitum)는 칼뱅 전통을 받아들인 바르트를 계시실증주의자라고 비판했습니다. 바르트가 "주님의 몸"으로서 교회의 신학 그리고 신앙과 관계의 유비를 말했다면, 본회퍼는 교회의 존재는 악한 무리와 싸우는 투쟁의 장소에서 나타난다고 본 것입니다.

본회퍼는 바르트와 똑같이 신성 인성으로 고백된 계시에서 출발하나 타자를 위한 인간, 즉 사회적 실존적 차원을 강조한 것입니다. 이러한 본회퍼의 현실참여 신학은 종말론의 약화가 약점으로 지적되고 있습니다.

12 왜 성경 해석이 필요한가요?

성경은 신화인가요? 하느님의 계시인가요? 성서의 문자주의를 어떻게 볼 것인가요? 왜 토요일 안식일을 지키지 않고 일요일을 안식일로 지키는가요? 신구약 성경이 일점 일획도 변함없는 하느님 말씀이라면 왜 그대로 안식일을 문자 그대로 지키고 있지 않는가요? 그들은 어떻게 믿고 있는가요? 이것만 예외인가요? 아니면 구약성서는 신약성서보다 못한 책인가요?

대부분의 교회들에 있어서 안식일 대신 주일을 지키는 근본적 이유는 주님이 안식일의 주인이기 때문에 주님이 죽었다가 다시 사신 일요일을 주일로 지키는 것이 옳다고 본 것입니다. 우리는 주일을 지키면서도 십계명 속에 들어 있는 안식일을 그대로 읽고 있습니다. 여기서 모순을 발견합니다. 우리가 주님의 부활을 생각하면서 주일을 지킨다면 우리는 안식일 지키라는 텍스트에서 주일을 지키는 것이 합당하다는 결론을 내리고 있지 않았는가요? 여기서 우리는 신학적 해석을 하고 있는 것입니다. 문자주의에 매이는 것은 성서를 바르게 읽지 못하고 문자에 가두어놓게 되는 것입니다.

성경이 살아 있는 말씀이 되기 위해서는 성경을 문자로 읽지 않고 지금 여기서 들려지는 말씀으로 읽어야 합니다. 그런 점에서 성경은 문자가 아니라, 그 말씀의 오늘의 의미, 즉 해석학적 과정을 거치지 않을 수 없습니다. 성경이 써진 당시의 "삶의 자리"(Sitz im Leben)와 오늘의 "삶의 자리"를 함께 연구하여 적용할 때 성경의 권위(authority)가 세워집니다. 성서문자를 해석하는 신학적 작업은 신학을 신학답게 만듭니다. 이 점에서 신학은 아름다운 학문입니다.(theologia est pulchra!)

13 하느님의 뜻을 어떻게 말할 수 있나요?

하느님의 생각은 인간의 생각과 다릅니다. 하느님은 자신이 원하는 길을 진행하고 있습니다. 성경을 살펴볼까요?

1) 왜 하느님은 가인의 제사는 받지 않고 아벨의 제사는 받았나요? 가인은 농사꾼이고, 아벨은 목축업을 하는 사람이었습니다. 가인은 소출의 일부를, 아벨은 그가 목축한 양 중의 한 마리를 잡아서 드렸는데 말입니다. 마음의 정성이 문제였나요?

2) 왜 하느님은 아브라함을 택했나요? 그가 신실했기 때문인가요? 그는 오늘의 윤리관으로 생각하면 이해할 수 없는 일을 했습니다. 아내의 몸종 하갈을 통해 이스마엘을 낳았습니다.

3) 왜 하느님은 이삭을 택했나요? 그가 아버지 아브라함에게 순종했기 때문인가요? 그러나 이삭은 아들 에서에게 축복하기 위해 사냥감을 잡아 요리를 기대할 만큼 경솔하지 않았나요?

4) 왜 하느님은 큰 아들 에서를 택하지 않고 야곱을 택했나요? 에서가 장자권을 소홀히 했기 때문인가요? 야곱은 처음부터 장자권을 빼앗기 위해 속임수와 술수를 썼던 도둑놈이 아닌가요?

5) 왜 하느님은 신실한 요셉을 예수의 족보에 넣지 않고 야곱의 넷째 아들 유다를 사용했나요? 그가 요셉을 구하는데 다른 형제들과 달랐기 때문인가요?

아닙니다. 모두 하느님의 뜻입니다.

제 9 장

가칭 "한국 기독교 연합교회"

한국 교회는 세계에서 가장 빠른 속도로 성장했습니다. 그러나 한국 교회는 세계에서 가장 많이 분열했습니다. 교회가 예수의 제자로 철저하게 변화되면 세상이 변하기 시작할 것입니다. 아울러 교회의 일치를 위한 연합체가 형성되면 분명 한국 교회는 사회를 위한 빛이 될 것입니다.

01 한국에서 기독교의 전통은 어떻게 형성되었는가요?

한국 기독교는 수난자의 모습으로 이 땅에 들어왔습니다. 초기 한국 교회는 국민들의 박해를 견디어야 했습니다. 서구사회에서 기독교의 위치와 비교하면 콘스탄틴 이전의 것이었습니다. 따라서 초기에 한국 교회는 왕관을 쓰고 있는 것이 아니라, 박해를 받는 카타콤의 초기 교인들과 같았습니다.

시간이 흐르면서 기독교는 한국 땅에 정착되기 시작했습니다. 기독교는 한국의 종교문화인 불교, 유교, 샤머니즘, 풍수지리설, 귀신을 섬기며 점괘 등에 물이 들고 이용되면서 자라게 되었습니다. 그야말로 민중의 종교가 된 것입니다.

한국에서 기독교의 보수적 전통은 선교사들의 보수적 전통, 특히 성경의 객관적 전통을 절대 수호하는 것과 웨스트민스터 신앙고백을 완전히 일치시킨 점을 들 수 있습니다. 말하자면 성서수호를 생명처럼 여겨온 것입니다. 그러나 한국 교회의 보수적 전통은 성경을 복음의 빛에서 해석하지 못하고 율법과 문자에 매이게 되어 한국 교회에 분열을 초래하였습니다.

더욱이 신앙의 보수적 경향은 정치 사회 영역에까지 파급되어 서구의 자본주의 내지는 군사문화 자체를 그대로 받아들여 성경의 정신과는 더욱 멀어져 갔습니다. 이제 한국의 기독교는 새로운 관점을 가질 필요가 있습니다. 1) 성경에 대한 재발견 즉, 복음적 해석 2) 서구 신학의 풍부한 유산과 부단한 대화 3) 복음의 토착화에 대한 연구가 그것입니다.

한국 교회 분열을 어떻게 보세요?

세계장로교개혁파연맹 총무였던 루카스 피셔는 한국 교회를 보고 두 번의 충격을 받았다고 합니다. 밤에 서울시를 바라보며 네온사인으로 밤 풍경을 만들고 있는 십자가들을 보고 그는 세계 어느 교회보다도 한국 교회는 뜨겁고 생명력이 강하게 솟아오르는 교회라고 생각했습니다. 그런데 아침이 되어 한국 교회의 또 다른 면을 보게 되었습니다. 솟아오르는 생명력에도 불구하고 교회가 한 건물에도 교파 이름을 달리하여 조각조각 분열되어 있는 현상이었습니다. 그는 전 세계 선교의 기적을 이룬 한국 교회가 유감스럽게도 복음의 그물이 찢어졌음을 가슴 아파하며, 이 찢어진 그물, 즉 분열의 병을 치유할 수 있느냐 없느냐가 한국 교회의 미래를 결정할 수 있다고 결론을 내린 바 있습니다.

한국에서 교회의 분열 때문에 야기된 이야기들이 있습니다. 교파를 좋아하던 교인들이 천국에 가보니까 자신들이 속했던 교파가 없더라는 것입니다. 1970년대 한국 교회 찬송가가 서로 달랐을 때에는 찬송가가 틀리면 교파가 다르다는 이유로 그곳에서 예배드리는 것을 그만두고 도중에 나올 정도였었다고 하니 참으로 한심한 일이 아닐 수 없습니다. 또한 한국에서 개척교회를 하려면 교파를 잘 선택해야 하는데 "대한예수교장로회" 간판이 가장 친근감이 있다고 합니다. 이렇게 해서 생긴 교파들은 교리적 문제나 신앙의 갈등에 의해서 생겨난 것이 아니었습니다.

분열은 죄입니다. 교회가 새로워지기 위해서는 교파주의와 분열에 대한 철저한 반성과 회개의 기도가 있어야 할 것입니다.

03 한국 교회 일치를 위해 우선 무엇을 먼저 해야 하나요?

한국 교회사를 보면 분열의 역사로 얼룩져 있습니다. 신학적 이유도 있었지만 최근에 와서 분열들(divisions)은 거의 교회의 정치적 이해타산에 따라 갈라지는 경우가 많았습니다. 그러나 요즈음 연합 부활절 대규모 집회 등과 같은 각종 연합 운동을 통해 한국 교회는 일치의 가능성을 보여주고 있습니다.

한국 교회가 이런 일을 대대적으로 할 수 있다면 한국 교회는 다시 건강해질 것입니다.

1) 분열(division)의 죄에 대해서 회개하는 것입니다. 회개의 기도를 통해 생각, 사상, 잘못된 신앙을 바꿀 수 있어야 합니다. 1907년 평양 대성회는 각성운동, 즉 회개운동이었습니다. 이 회개운동은 사회를 정화시키고, 교회를 부흥케 한 운동이었습니다. 싸우지 않고 하늘을 보며 기도하는 일은 불일치를 일치로 바꾸는 지름길이라고 봅니다.

2) 이제 하나 되는 일을 계획해야 합니다. 하느님도 하나, 주도 하나, 세례도 하나라는 것을 받아들인다면 일치하지 못할 일이 없습니다. 주님의 부활과 성령의 역사는 교회를 하나로 통합합니다. 마른 뼈가 생기를 얻어 큰 힘을 발휘했던 것처럼(겔 37장), 교회는 일치를 위한 진보를 해야 합니다. 그리스도 안에서 하나 되는 것은 이 사회의 빛과 소금이 될 것입니다.

3) 마지막으로 하나를 위해 선포해야 합니다. 기독교의 십자가와 부활의 복음은 선포를 통해 현실이 되었습니다. 교회가 하나 되

었을 때 마귀가 넘보지 못할 것입니다.

04 한국 교회 일치의 길은 어떻게 가능한가요?

교회의 분열이 교회의 발전을 위하여 하느님이 원하시는 것이라고 하는 것은 성경적 무지의 소산입니다. 교회의 분열은 미화될 수 없습니다. 분열은 사탄이 가져온 것입니다. 일치의 길을 모색하는 일은 아름다운 일입니다. 어떻게 할까요?

1) 세속적 욕망에서 회개하고 섬기는 종이 되는 일입니다. 그것이야말로 예수를 닮는 일이며, 결국 일치를 향하게 될 것입니다.

2) 조건 없이 기구적 일치를 위해 지금까지 유지하고 있는 기존의 연합회를 해체하고 단일 연합체를 구성하는 일입니다. 예를 들면 가칭 "한국기독교교회"가 될 수 있을 것입니다.

3) 연합된 기독교 시민운동을 통해 사회의 빛과 소금이 되도록 하는 일입니다. 하나 됨을 거부하는 교회는 더 이상 교회가 아닙니다. 분열로 인해 한국 교회의 통일된 의견을 낼 수 없는 것은 불행한 일입니다.

4) 그리스도 안에서 신학적, 신앙적 차이가 있지만 열린 진보, 열린 보수로 대화와 협력을 할 수 있어야 할 것입니다. 또한 역사를 통해 분열의 이유로 제시되었던 요인들이 과연 현재에도 유지시켜야 할 것인지 아니면 분열의 이유가 소멸되었는지 점검해 볼 필요

가 있습니다.

5) 일치를 위한 에큐메니컬 신학의 정립이 요구됩니다. 진정 교회를 위한 신학자라면 교회의 일치를 위해 노력하고 가능한 방안을 제시하도록 하여야 할 것입니다.

한국 교회 일치와 연합을 위한 구체적 방안은 무엇인가요?

일치로 가는 길을 위협하는 두 가지 요소를 내부로부터 생각해 보겠습니다. 하나는 부자 교회가 탐욕으로부터 벗어나는 일이요, 다음으로는 가난한 교회가 절망의 사고에서 벗어나는 것입니다. 교회 연합은 가난과 부가 문제가 아니라, 적극적으로 그리스도 교회는 모두가 하나라는 데 있습니다. 어떻게 할까요?

1) 연합교회를 위한 일치의 궁극적 목표를 설정합니다. 전통적 역사적 연구와 성서적, 신학적 이유가 밝혀져야 할 것입니다. 화해, 평화, 일치를 향한 "열린 대화의 광장"을 자주 마련하여야 합니다.

2) 차이를 인정하고 작은 일부터 실천합니다. 예를 들면, 목표와 이유를 가지고 일치에 대한 논의를 위한 모임, 교파를 초월한 각 지역 연합 집회, 교회일치 연합 운동, 강단 교류 등이 될 수 있습니다.

3) 각 지역에 있는 교회가 모임을 정례화하여 교파를 초월하여 유기적 공동체를 형성합니다. 교회의 게토(ghetto)화는 사회와 역사

로부터 외면당합니다. 대립에서 벗어나 화해와 일치와 협력을 위한 프로그램을 실시하여야 합니다.

4) 지역사회와 함께 하는 교회 개척 사업을 연합으로 실시합니다.

5) 교회와 지역 사회의 소외된 곳을 찾아 돌보는 프로그램을 실시합니다. 노인층과 빈곤층 돌보기, 노숙자를 위한 사업, 나눔의 집 활동 사업, 자활 지원 센터 사업, 사회 복지관 사업 등을 관장하여야 합니다.

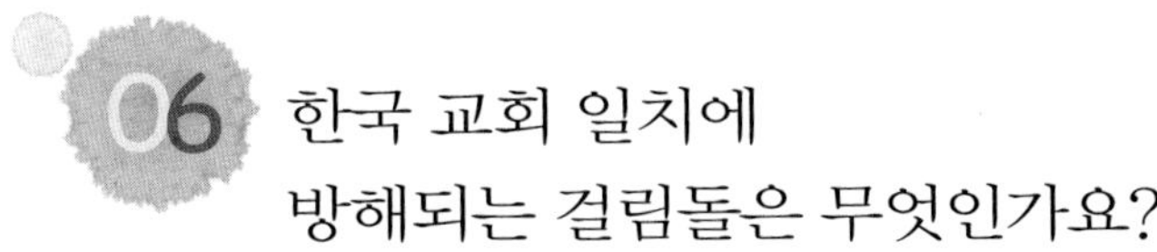

06 한국 교회 일치에 방해되는 걸림돌은 무엇인가요?

지금 한국 교회는 교파주의, 교리주의, 권위주의로 인한 파벌로 분열의 병을 앓고 있습니다. "네가 낫기를 원하느냐"는 주님의 음성은 분열의 병을 앓고 있는 건강하지 못한 한국 교회에 던지는 질문으로 들어야 할 것입니다.

1) 교회 일치에 방해되는 걸림돌은 먼저 교단의 교권주의입니다. 이것을 차단하기 위해서는 교단 내 인물의 우상화, 총회 간판, 총회장 명함을 내려놓아야 합니다.

2) 목회자들의 교리적 편협성입니다. 이것을 위해 신학교 교수들의 신학적 사고의 다양성에 대한 인정과 지지가 필요할 것입니다.

3) 성장제일주의입니다. 목회의 성공여부를 큰 규모, 많은 교인

등의 시각에서 성숙한 교회의 모습으로 바뀌어야 할 것입니다.

4) 일치 운동에 소극적입니다. 한장연, 한기총, 교회협 등 연합기구들을 "한국기독교총협의회"로 만들어 한국 교회의 대내 및 대외적인 사업을 함께 추진하고 적당한 때에 연합기구들의 대 통합이 요구됩니다.

오늘날 한국 사회가 새로워지기 위해서는 한국 교회가 교파주의와 개교회 중심의 개 교회주의 중심에서 벗어나 다시 종교개혁의 귀한 전통을 되찾아야 합니다. 개혁자들이 가톨릭 교회의 교회 지상주의를 비판했었던 것처럼, 오늘의 교파주의와 개 교회주의는 비판받아 마땅할 것입니다. 그리고 회개를 통해 치유를 받고 생명력을 가진 교회들로서 다시 태어나 연합전선을 이루어야 할 것입니다.

지금 한국 교회는 "교회는 항상 개혁되어야 한다"(ecclesia semper reformanda)는 종교개혁의 전승을 망각해서는 안 될 것입니다.

한국 교회 대 통합을 위한 길은 무엇인가요?

당신들은 왜 하느님 믿고 섬기고 사랑한다고 말하면서 그렇게도 분열합니까?

한국 교회의 대통합을 위해서는 에큐메니컬적 사고로 대전환이 필요합니다. 그것은 어제의 옛 사고, 죽음의 사고, 부자유의 사고, 게토(ghetto)화된 사고가 잘못 되었다는 인식의 전환이 이루어지는 변화를 의미합니다. 그래야 옛 사고의 틀에 균열이 생깁니다. 그것은 과거의 사고에 머물러 있지 않고 미래를 향해 창조적 결단을 하는 사고가 될 것입니다.

그것은 교파를 초월한 에큐메니컬 사고입니다. 전에는 자신이 속해 있는 교파 지상주의에 매여 제각기 자기 교파만이 유일한 참 교회라는 굳은 신념에서 타 교파에 도전하거나 무시하거나 그렇지 않으면 무관심하였습니다. 그리고 대부분은 자기 교파 이외의 교파에는 구원이 없다고까지 극언했던 것입니다.

그러나 지금 세계는 포스트모던 시대를 겪으면서 구시대의 패러다임이 바뀌고 있습니다. 전에는 보수와 정통, 자유와 진보하면서 갈라졌으나, 이제는 협력과 대화를 위해 노력하고 있습니다. 지금이야말로 세계에 흩어져 있는 교회들이 "교회는 하나다."라는 일체감을 가질 때입니다. 그것은 다양성 속에서 일치를 지향하는 에큐메니컬 운동을 전개하는 일입니다. 이제 한국 교회는 하나의 큰 물줄기를 만들 수 있고 그리고 만들어야 합니다. 일치를 통한 연합교회가 시대의 빛이 될 수 있기 때문입니다.

08 한국 교회의 일치를 위한 의미 있는 대화는 무엇인가요?

한국 교회의 분열 요인 가운데 중요한 이슈는 성경해석의 문제입니다. 성경을 바르게 보는 것은 성서 그 자체의 말을 그대로 적용하는 그룹이 있고, 또 한 그룹은 성경은 오늘의 상황에서 재해석해 적용해야 살아 있는 말씀이 된다는 그룹이 있습니다. 전자를 보수 그룹, 후자를 진보 그룹으로 명명했습니다. 보수와 진보의 갈등은 개인구원과 사회구원으로 다시 분리되어 있습니다. 더 나쁜 것은 보수 교단과 진보 교단으로 분리해서 말하는 것에 있습니다.

한국 교회에게 중요한 것은 루터, 칼뱅, 웨슬리 등이 가졌던 개혁정신을 되살리느냐가 관건이지 교단에 집착하는 것이 아닐 것입니다. 보수 교단은 성경 그 자체만을 중요시한 나머지 모이는 교회 그 자체에 머물러 있는 경향이 있습니다. 사회적으로 책임적 존재가 되는 열린 보수가 되어야 할 것입니다. 진보교단은 성경과 신앙과 교회를 중요시하여 교회 성장을 위해 공헌한 보수교단에 대해 인정하는 열린 사고를 가져야 할 것입니다. 국내 기독교단체의 양대 산맥이라고 할 수 있는 "한국기독교교회협의회"와 "한국기독교총연합회"의 일치가 있어야 한다는 목소리도 높아지고 있습니다.

1925년 스웨덴의 스톡홀름에서 창립된 "생활과 사업"(Life & Work)은 "교리는 갈라지게 하지만 봉사는 하나 되게 한다."는 슬로건을 내걸고 봉사를 통한 교회의 하나됨을 추구한 바 있었습니다. 분열은 큰 힘을 발휘하지 못합니다. 한국 교회는 전 국민의 25% 이상을 차지하면서도 사회에 미치는 영향은 아주 미약합니다. 교회가 연합하여 이 사회의 책임적 존재로 일해야 할 것입니다.

보수－진보로 분열된 한국 교회의 성숙된 과제는 무엇인가요?

미래학자 앨빈 토플러는 21세기를 "화해와 공존"의 시대라고 하였는데, 우리 교회는 아직도 구시대의 냉전구도를 탈피하지 못하고 대립과 갈등을 일삼고 있습니다. 한국 교회의 일치와 화합은 시대적 사명입니다. 인간은 불완전하다고 인정하는 종교가 기독교입니다. 보수와 진보가 서로 옳다고 절대적으로 주장하는 것은 자신들이 스스로 심판하는 하느님이 되는 것입니다.

보수든 진보든 그리스도 안에서 모두가 하느님의 백성입니다. 따라서 똑같이 하느님의 은총 아래 있다는 생각을 할 때, 상대 안에도 하느님의 역사가 있는 것을 인정할 수 있어야 합니다. 진보와 보수는 하느님의 말씀으로 변화를 받게 됩니다. 교회는 그리스도 안에서 하나입니다. 그러므로 보수와 진보로 편을 가르는 일은 죄를 짓는 행위입니다.

1) 한국 교회는 닫힌 진보, 닫힌 보수의 틀을 열린 보수와 열린 진보의 틀로 바꾸어 대화를 시작해야 합니다.(교회 일치)

2) 한국 교회가 지역간 갈등을 해소하고 화해와 평화를 이루어 내는 일을 할 수 있어야 합니다. 동 · 서의 화합을 위해서 교회는 일치를 보여야 합니다.(국민 통합)

3) 한국 교회는 한반도 통일을 위해 힘쓰고 통일된 한반도에 민족 대통합의 역할을 할 수 있어야 합니다. 한국 교회는 민족 통일의 밑거름이 되어야 할 것입니다.(민족 통합)

10 한국 교회의 일치를 위한 시대적 요구는 무엇인가요?

한국 교회는 세계에서 가장 잘 모이는 교회로 알려졌습니다. 이것은 교회가 이 사회에서 새 일을 할 수 있는 무한한 잠재력을 가지고 있다는 말이 될 것입니다.

모이는 교회는 흩어지는 교회에서 그 진가를 발휘할 때 나타납니다. 흩어지는 교회의 적극적 활동 없이 모이는 교회의 비대성은 병적이라고 할 수 있습니다. 교회의 건강성은 모이는 교회가 흩어져 사회를 변화시키는 누룩이 될 때 가능합니다. 그것은 교회가 사회에 미치는 영향이 저급하다는 것입니다. 그 원인이 어디 있을까요?

첫째, 교회가 자기자체의 통솔, 정비계획 능력이 없고 사회와 국가 국민에 대한 집단적 지도 능력을 발휘하지 못하여 지도력의 부재와 그 지도능력을 행사할 실체가 없기 때문입니다.

둘째, 하느님의 백성들이 흩어져 있는 곳곳에 참 신자가 많지 않기 때문입니다. 한국 교회의 건전성 회복은 그리스도인들이 탐욕을 버리고 사회에 나가 그리스도의 사랑을 실천하기 시작할 때입니다.

셋째, 그리스도인들이 교인으로 머물러 사회성이 약하기 때문입니다. 한국 교회는 국제적으로 점차 심화되어 가는 빈부 격차를 해소하고 건강한 발전과 정의를 확대하고 노력해야 할 것입니다. 특히 남북의 분단에 대해서 해묵은 관습과 편견을 버리고 "평화와 생명"이라는 근본적 가치 위에서 평화 통일에 기여해야 합니다.

11 일치운동은 어떻게 시작할까요?

에큐메니컬 운동을 몸소 실천한 하안토닉 신부(부산 동항당 가톨릭 교회)의 에큐메니컬 활동을 중심으로 에큐메니컬 운동이란 어떤 것인지 소개하겠습니다.

1) 기도입니다. 에큐메니컬 운동의 출발점은 기도입니다. 에큐메니컬 신학은 기도의 신학이어야 합니다. 에큐메니컬 사고를 가진 사람들은 기도 외에는 일치를 위해 다가갈 수 없다는 것을 인식하고 "기도주간"을 만들어 교파를 초월하여 모여 기도합니다. 우리는 그것을 예수에게서 배웁니다. 예수는 일치를 위해 기도합니다. "아버지, 이 사람들이 모두 하나가 되게 하여 주십시오. 아버지께서 내 안에 계시고 내가 아버지 안에 있는 것과 같이 이 사람들도 우리들 안에 있게 하여 주십시오. 그러면 아버지께서 나를 보내셨다는 것을 세상이 믿게 될 것입니다."(요 17:21)

2) 인식의 변화입니다. 그리스도 안에서 모두가 하나라는 인식을 할 필요가 있습니다. 하느님의 초청을 통해 모두가 새로운 공동체로 태어납니다. 세례를 받을 때를 생각해 보세요. 우리는 장로교

의 이름으로 세례를 받는 것도 아니고, 감리교 이름으로 그리고 가톨릭 이름으로 세례를 받는 것도 아닙니다. 또한 우리는 예배드릴 때, 삼위일체 되시는 하느님께 예배를 드리고 예배를 마칠 때도 성부 성자 성령의 이름으로 축복을 받고 돌아갑니다. "한 세례, 한 성경, 한 그리스도", 이것이 우리의 신앙입니다. 그리스도의 사랑은 우리를 하나로 묶는 사랑의 띠입니다. 하느님을 사랑하고, 하느님의 말씀을 듣고, 기도하는 가운데 겸손과 사랑하는 마음이 결국 일치 운동의 기초가 되는 것입니다.

제 4 부

새 시대로서 21세기 교회

루체른호프 교회

새 시대는 "하느님의 시간"을 말합니다.
그것은 연대기적(chronical) 시간이 아니라,
하느님의 때를 말하는 카이로스(kairos)를 말합니다.
새 시대는 하느님이 이 시대를 열어간다는 확신 있는 믿음(faith)입니다.

제 10 장

한국 교회의 위기

한국 교회의 위기는 세상의 빛이 되어야 할 교회가 오히려 세상의 어둠을 가속화 하지 않나 생각하게 합니다.

한국 교회의 급격한 성장요인으로 무엇을 들 수 있을까요?(1)

1) 정치 역사적으로 보면 한국 교회는 조선 말기(1884년)에 들어와 일본의 강점으로 국권이 흔들려 상실감과 박탈감에 빠져 있을 때, 새로운 희망이 되었습니다.

2) 사회 심리학적으로는 당시 세계적 변화로 인해 유교의 전통 문화가 영향력을 상실했을 때, 기독교는 자유와 평등사상을 고취시킴으로 새로운 질서를 가져다 주었습니다. 특히 소외 계층에게 기독교는 새로운 활력소가 되었습니다.

3) 1907년 영적 각성운동을 통한 회개운동은 교회의 부흥은 물론 사회의 정화작업에 기여하여 기독교에 대한 사회의 인식을 새롭게 했습니다.

4) 교회가 3.1 운동(1919년)을 주도함으로써 일제 폭압정치에 맞서서 싸웠고, 그리고 해방(1945년) 후와 6.25(1950년) 전쟁을 겪으면서 공산주의와 대결 속에서 민족교회로 자리매김을 했다고 봅니다.

5) 사회 복지 차원에서 보면 초기 선교사들이 학교, 병원, 고아원, 양로원 같은 디아코니아 활동이 교회에 대한 사회 이미지를 각인시켰습니다.

6) 경제 사회사적으로는 1960-1970년대 산업화와 도시화 과정에서 농경사회가 붕괴되면서 경제적으로 고도성장을 누릴 때, 도시 교회가 경쟁에서 소외된 민중들에게 정체성과 소속감을 주는 피난처 역할을 했습니다.

7) 선교 신학적 전통으로 보면 한국에 들어온 근본주의적 보수 정통신학이 한국인의 종교성과 잘 맞아 급격한 성장이 가능했다고 볼 수 있습니다.

한국 교회의 급격한 성장요인으로 무엇을 들 수 있을까요?(2)

1970-80년대 국가 경제개발 성장정책에 발맞추어 도시의 대형 교회들은 농촌에서 도시로 밀려드는 인파들을 교회로 유입시키기 위한 목회의 전략을 세우기 시작하여 급성장을 하게 됐습니다. 해방 후 1950년에 100만 명이었던 교인 수가 1985년에는 1000만 명으로 증가한 경이적 성장을 했습니다. 이러한 급성장의 요인으로는

1) 한국인은 종교적 영성이 많은 심성을 가지고 있습니다. 전통종교, 즉 샤머니즘, 불교, 유교, 도교 등이 용해된 한국인의 종교적 심성은 복음이 떨어져 자랄 수 있는 옥토라고 볼 수 있습니다. 특히 도교와 샤머니즘은 기독교의 신비주의와 종말사상과 결합하여 암울했던 한국인에게 새로운 탈출구로 작용했다고 봅니다.

2) 한국에 전래된 기독교의 보수 정통주의는 농경문화와 단일 혈통, 단일 문화, 단일 언어, 단일 역사 때문에 순수성과 정통성의 영향으로 보수성이 강한 한국인에게 적합했다고 볼 수 있습니다. 한국의 교파 교단 중 90% 이상이 보수 정통주의 성향의 교회라는 것이 그것을 입증해주고 있습니다.

3) 유교적 전통은 한국 교회가 가부장적이고, 계급의식이 강한 교회로 나타나게 했으며, 신학적으로는 성경무오설과 같은 성경절대권위를 주장하게 되었고, 이것은 성경사경회를 통한 교회의 부흥을 가져오게 했습니다.

4) 불교적인 전통을 따라 금욕, 고행, 절제를 강조하는 것은 십자가를 지고 가는 기독교와 잘 맞았습니다. 민족이 암담한 현실에 있었을 때, 이 세상의 고난이 말세에 영혼 구원의 길로 제시되어 교회를 위기 속에서도 부흥 성장케 했습니다.

03 한국 교회의 급격한 성장과 그에 따른 문제점이 무엇이 있나요?

1988년 8월호 *New York Times*에는 한국 교회의 성장 기록을 소개했습니다. 세계에서 제일 큰 교회가 여의도 순복음중앙교회이고, 세계에서 제일 큰 장로교회, 세계에서 제일 큰 감리교회 그리고 세계에서 50개 대형 교회 가운데 22개가 한국에 있다고 했습니다. 그러나 이러한 한국 교회의 급격한 성장으로 인한 문제점이 지적되었습니다. 그리고 거기에 대한 신학적 방향을 다음과 같이 모색하기 시작했습니다.

1) 교파 난립(특히 장로교)에서 에큐메니컬 신학으로 가야 합니다.

2) 성장지상주의에서 질적 성숙으로 교회의 본질에 충실해야

합니다.

3) 기복적, 무속적 샤머니즘적 기독교에서 이웃을 발견하고 사랑하는 교회로 탈바꿈해야 합니다.

4) 개인주의, 교회주의를 지양하고 주님의 몸으로서 지역 교회와의 관계를 활성화해야 합니다.

5) 세대주의적 종말론으로 인한 비신학적 시한부 종말사상에서 바른 신학적 이해가 정립되어야 할 것입니다.

교회의 건강성은 예배, 복음전파, 교제, 훈련, 봉사 등을 통한 위로 하나님을 사랑하고 아래로 내 이웃을 사랑하는 계명을 실천하는 일을 통해서 드러날 것입니다.

04 어떻게 한국의 순복음교회는 세계에서 가장 큰 교회가 되었나요?

한국 교회 성장의 중요한 특징은 성령운동에 있습니다. 그런데 이 성령운동은 부성적 성령운동과 모성적 성령운동으로 나누어 볼 수 있습니다. 부성적 성령운동이 유교적 전통에 뿌리를 내린 것이라면 모성적 성령운동은 무교적 전통에 뿌리를 내린 것이라고 할 수 있습니다. 여의도 순복음중앙교회의 성장 요인은 바로 후자인 모성적 전통에 뿌리를 두고 크게 성장했다고 볼 수 있습니다.

그 다음으로 70년대 경제 사회적 여건을 들 수 있을 것 같습니다. 그 당시 백성들은 살 길을 찾아 고향을 떠나 농촌에서 대 도시로의 이동을 하면서 미래에 대한 불확실성으로 인해 걱정과 불안에 떨고 있을 때 순복음교회 형태의 교회가 적격이었습니다. 이때 교회는 "삼박자 구원"(요삼 2절)을 내세워 영혼과 물질의 축복 그리고 질병의 치유를 약속한 것입니다.

이러한 영육의 축복의 강조는 그들로 하여금 차안과 피안을 만족시키는 새로운 비전과 확신을 갖게 해주는 것은 물론 낯선 땅에서의 삶을 살아갈 수 있는 하나의 동력이 되었습니다. 그들에게 이러한 교회의 메시지는 70년대 빌리 그래함, 빌리 브라이트 등의 대규모 심령 부흥회 등의 집회로 성장의 가속도를 달리게 되었습니다.

이러한 대규모의 집회와 더불어 각 구역의 조직은 보다 체계적이고, 그리고 그것은 더욱 활성화되기 시작하여 수많은 구역 교회가 된 것입니다. 그들의 신자 관리는 교인들의 이동 사항이 한 도표로 들어올 만큼 철저한 것도 성장의 또 하나의 요소가 되었습니다.

05 개신교의 성장 감소에 대해서 어떻게 생각하나요?

요즈음 교인들은 교회를 옮겨 다니며 끊임없는 수평 이동을 하고 있습니다. 또는 아예 더 이상 교회에 출석하지 않는 사람들도 늘고 있습니다. 지난 2006년 5월에 한국 통계청 발표에 의하면 종교인구 통계 중 개신교 신자가 876만 6천 명으로 10년 전보다 14만 4

천 명(1.6 %) 감소한 것으로 나타났습니다. 같은 기간에 가톨릭 교회는 74.4%, 불교는 3.9% 증가한 것으로 나타났습니다.

이러한 개신교 신자의 감소 원인에 대해서 1998년 한국기독교목회자협의회가 한국 갤럽에 의뢰하여 개신교인의 교회활동과 신앙의식 조사보고서의 결과에 나타나고 있습니다.

1) 교회가 영적 문제에 대해서 해답을 주지 못하고 있습니다.(81.4%)

2) 지도자의 자질이 부족합니다.(76%)

3) 진리 추구보다 교세 확장에 더 관심이 있습니다.(71.1%)

4) 헌금을 지나치게 강요합니다.(69.1%)

5) 사회에 대한 봉사의 역할이 부족합니다.(62.2%)

교회는 계속적으로 성장을 위한 프로그램을 내놓고 있지만, 사람들은 이제 쉼터를 찾아 나서고 있습니다. 그들은 인간관계를 갈망하고, 가족을 찾으며, 성장보다 공동체 회복을 더 중요시하고 있습니다. 그들은 잔잔한 물가로 인도하시는 하나님과 이웃을 찾고 있는 것입니다.

한국 교회의 물량주의를 어떻게 생각하세요?

한국 교회는 "이 돌들이 떡이 되게 하라" 며 기복을 부추기는 사탄의 유혹을 끝내 극복하지 못했습니다. 교인들은 육신의 욕망을 만족시키는 일에 시간을 허비하고 있는 사이 성 삼위의 이름은 단지 축복의 신으로 전락되고 그 이름을 팔아 배불리는 사람들에 의해 한국 교회는 기복화되고 미신화되어가고 있습니다. 지금 한국 교회는 사회에 그다지 영향을 못 주고 있으며 오히려 지탄을 받을 때가 많습니다. 그래서 교회의 위기론이 대두되고 있습니다.

총신대학 신학대학원 원보사에서 미래의 한국 교회 지도자로 준비중에 있는 신학생들을 상대로 "교회 개혁에 대한 의식 조사"를 실시했습니다.(참고, 「기독교연합신문」, 2004. 5. 9.) 그 결과 94.4%가 한국 교회가 개혁이 필요하다는 의견을 보였습니다.

문제점으로는 1) 세속화 2) 지나친 외형적 성장 3) 목회자의 자질 하락 4) 교회 난립과 교회간의 과열 경쟁 5) 사회에 부정적 이미지 등이 지적되고 있습니다.

이러한 현상은 교회를 병들게 하고 나아가 사회에서 민중을 소외시키는 비기독교적 위험을 안고 있습니다.

오히려 교회는 현대사회에서 소외된 민중에게 공동체를 제공하고 사회비판적 테제, 저항적 정치의식을 제시할 수 있는 신학적 및 사회적 기능을 가질 수 있어야 합니다.

우리는 종교개혁의 출발점에서 보여준 "교회는 끊임없이 개혁되어야 한다."(ecclesia semper reformanda)는 사실에 주목해야 할 것입니다.

사회에서 보는 한국 교회의 뜨거운 논쟁점이 있는데, 알고 있나요?

오늘의 교회를 놓고 이대로 안 된다고 불평하는 신자들이 늘어가고 있습니다. 목회자나 평신도 모두가 교회가 새로워지기를 바라고 있습니다. 사회의 인식도 부정적 요소가 많습니다.

한국 교회의 핫 이슈는 공신력 회복의 문제입니다. 그리스도인과 세상인 사이의 윤리적 견해와 행동상의 차이가 없어져 가고 있습니다. 헌신과 희생적 삶의 결핍이 있습니다. 삶을 변화시키는 믿음의 역동성을 제도화된 종교로 대체해 버린 것이 문제입니다.

교회를 개척하는 일이 생활이나 직업을 위한 하나의 방편으로 전락하고 있는 인상을 받기도 합니다. 의대를 나와서 의사가, 약대를 나와서 약사가, 교육대를 나와서 교사가 되는 것처럼 신학교를 나와서 목회자의 직업을 삶의 방편으로 삼는 정도로 보고 있습니다. 교회 개척은 복음을 전파하는 것이 제일의 목표라는 것은 자명한 일일 것입니다.

교회의 성장은 그리스도의 몸으로 성숙되는 것보다는 장소, 마케팅, 건축, 프로그램, 교인 수를 가리키는 것이 되어버린 것입니다. 교회는 사회를 변화시키는 일에는 무능하고 쉽게 세상 문화와 타협하고 있습니다. 그러므로 한국 교회는 정체성의 위기를 맞고 있는 것입니다.

주여, 우리를 불쌍히 여기소서!

주여, 우리에게 은혜를 베푸소서!

민족의 역사를 거룩함으로 새롭게 하소서!

08 교회의 대형화 및 문제점은 무엇인가요?

대형 교회들이 이곳 저곳에서 두각을 나타내고 있습니다. 그들의 목회적 열정은 기존 교회의 지각 변동을 일으키고 있습니다. 통계에 의하면 이들 대형 교회들의 연간 수천 명의 등록 교인 중 최소한 90%는 지역 개척교회나 중소교회 교인들의 수평이동으로 옮겨간 사람들로 나타나고 있습니다.

여기서 대형 교회의 선교적 열정을 비판하는 것이 아닙니다. 문제는 그 열심이 성장제일주의라는 세속적인 근거에 대기업의 확장주의와 맥을 같이하고 있다는 점입니다. 그렇게 모인 교세와 헌금으로 더욱 큰 교회를 만들며, 나아가 지성전을 지어 운영하는 사태에 이르게 되어 더욱 큰 문제로 나타나고 있습니다.

이러한 자본주의적 발상은 도대체 교회가 무엇이냐는 교회의 본질을 묻게 합니다. 교회는 목자와 양의 비유로 말한다면 목자는 양의 음성을 듣고 그 양이 어떠한지를 알 수 있어야 할 것입니다. 다시 말해서 대형 교회는 한 사람의 아픔이 공동체 전체의 아픔이 되는 유기적 공동체, 즉 성만찬 공동체가 되기가 어렵기 때문입니다.

물론 대형 교회들 가운데서도 모범적으로 목회를 하는 교회들이 있습니다. 대형 교회들이 전심전력을 다해서 선교와 사회봉사를 실천한다면 기독교에 대한 사회인식이 달라질 것입니다. 그러나 인간의 탐욕과 구조적인 취약성 때문에 언제나 교회의 본질을 떠난 세속적 욕망에 빠지게 될 위험을 내포하고 있습니다. 지금 대형 교회의 사회적 책임은 더욱 클 수밖에 없습니다.

대형 교회가 사회에 미치는 영향력은 어떠한가요?

대형 교회의 목회자와 멤버는 사람을 감동시키고, 은혜를 주는 탁월한 능력과 카리스마적 능력이 있습니다. 그러나 사회, 민족을 인도해야 하는 점에서는 역부족합니다. 가톨릭 교회의 추기경이 한국 사회에 영향을 끼치는 것과 비교하면 개신교는 구심점이 없습니다.

한국 개신교는 바로 대형 교회 지도자들에 의해 이끌려가고 있는 것 같지만 사회에 미치는 영향력은 그리 크지 않습니다. 어떻게 해야 하는가? 연구하는 것이 필요합니다. 안식년 제도를 도입해서라도 공부해야 합니다. 역사를 연구하고, 사회를 연구하고, 사회 속에서 지도력을 발휘할 수 있는 그런 인물이 되기 위해 뼈를 깎는 노력을 해야 합니다.

한국 교회와 사회를 섬기는 일을 위해 무엇을 할 것인가를 연구하고 실천하여 교회와 사회에 영향력을 끼칠 수 있어야 합니다. 예를 들면 대형 교회들이 함께 모여 한국 교회에 개혁의 바람을 일으킬 수 있는가? 이 세상에 살면서도 초기 교회가 구현했던 그런 공동체를 만들어낼 수 있는가? 함께 떡을 떼며, 가난한 자와 부자가

불편 없이 함께 나누어 쓰는 공동체를 구현할 수 있을까? 어떻게 교회가 한반도의 중요한 과제인 동과 서, 남과 북을 통합적으로 엮어 내는 역량을 발휘할 수 있을까?

여기서 디아코니아(섬김, 봉사) 행위가 더욱 강조되어야 할 것입니다.

교회의 봉사의 역할이 활성화되면 교회의 사회적 이미지가 틀림없이 10년, 15년이 지나면서 달라질 것입니다. 대형 교회는 한국 교회와 사회에 무한 책임을 갖고 있습니다.

10 지성전 체제는 제국주의식 선교방법이라고 하는데 왜 그런가요?

대형 교회들은 전국 각 지역에 지성전을 설립하는 프로젝트를 통해 침체된 선교 열정을 일깨워 새로운 바람을 일으키고자 합니다.

이들은 모든 지원을 동원함으로써 교인들이 적극적으로 선교에 동참하고, 해당 지역에서도 새로운 전도 운동을 일으키며, 효과적 선교방법의 적용과 충분한 재정지원을 통해 단기간에 자립 교회를 세운다는 목표를 가지고 있습니다.

이러한 체제의 지성전은 인사, 행정, 재정, 예배, 선교 등 모든 것을 중앙 성전에서 통제하고 관장함으로 명실공히 전제군주시대 중앙집권제의 구습을 재현하고 있습니다.

그러나 중앙 성전과 지성전 체제 개념으로 교회는 수평이동을 가속화시키기 시작했습니다. 지성전 체제는 세속적인 발상으로 자본주의의 타락에서 발생한 대기업의 문어발식 확장 이론에 근거한 것이라는 비판이 있습니다.

지성전을 통한 지역 선교의 중심으로 삼아 중앙 성전의 세력을 확장하는 전진기지로 활용한다는 선교전략은 시대에 뒤떨어진 발상으로서 이미 폐기 처분된 제국주의식 선교 방법입니다. 이제 교회는 하나님의 선교신학에 근거한 새로운 선교의 개념을 정립해야만 할 것입니다. 선교는 성전을 세우는 것이 아니라, 교회를 세우는 것입니다. 교회란 건물이 아니라, 사람입니다. 하나님은 성전에 갇혀 있지 않습니다. 성전건축을 통한 수평이동은 교회가 아니라, 단지 성전일 뿐입니다.

11 지성전의 대안으로 무엇을 생각할 수 있을까요?

지성전 문제를 긍정적으로 해결하기 위한 제안으로는

첫째, 교회의 본질은 교회가 선교하는 교회를 가질 때입니다. 선교와 교회 개척이라는 지상명령을 실천으로 승화시켜 나아가야만 합니다. 청주의 C교회는 본 교회를 계속 키우지 않고, 각 지역에 많은 교회들을 개척해 부 목회자들에게 위임하는 미덕을 보이고 있습니다. 이것이 곧 예루살렘 · 안디옥 · 에베소 등의 교회들이 설립되는 기본 방식이었습니다.

둘째, 교회가 장성하면 자연스럽게 교회를 낳게 됩니다. 예배당을 건축하면 교역자를 해당 지역의 노회를 통해 파송하고, 재정과 행정, 예배, 교육 등 모든 것을 완전하게 독립시켜야 합니다. 그래야 교회의 사유화 의식에 근거한 세습 문제나 지성전식 확장주의, 무한 경쟁이라는 세속적인 욕망도 다스릴 수 있을 것입니다.

셋째, 건물로서 교회는 웅장한 성당이 아니라, 집회장소를 위한 천막이나 조립식 건물을 사용할 수 있어야 합니다. 2만 5천여 명의 신도로 세계의 주목을 끌고 있는 새들백교회는 야자수 몇 그루가 심어져 있는 허허벌판에 천막으로 지어진 예배실과 조립식 건물들이 전부입니다. 교인들이 늘어날 때마다 천막의 규모를 늘립니다. 그것도 50여 차례 옮기면서 오늘의 교회로 성장하고 있습니다. 그러나 이 교회가 세상을 향해 하는 일은 세계에 주목을 받을 만큼 소외된 자들에게 기쁜 소식이 되고 있습니다. 교회는 하느님 나라 운동과 관련될 때 교회의 본질에 서게 됩니다.

12 어떻게 교회의 이미지를 바꿀 수 있을까요?

에밀 브루너는 서구 교회의 쇠퇴 원인을 두 가지로 지적하고 있습니다. 첫째, 프랑스혁명 이후에 나타난 자유의 시민이 반드시 교인이 되어야 하는 의무조항을 소멸시켰으며, 둘째는 개인주의 사상으로 인해 점점 "교회 없는 기독교인들"(churchless christians)이 확산되면서부터 보이는 교회는 점점 텅 비어가면서 소수의 교인만이 건물을 지키는 양태를 보이고 있다고 했습니다.

이러한 현상은 머지않아 그 배경과 형태는 달라도 한국 교회에도 나타날지 모릅니다. 그것은 역사에 대한 무기력성, 개혁에 대한 둔감성이 위기를 불러올지도 모릅니다.

지금까지 한국의 교회의 상징은 욕심 많고, 이기적이고 사회적으로 별 기능을 하지 못하고, 이웃과 세상과 역사 속에서는 별다른 기능을 하지 못하는 집단이라는 이미지가 지금 강하게 영향을 미치고 있습니다.

역사 속에서 복음을 가지고 세상을 사랑하는 교회로 바뀌어야 합니다. 교회는 기독교의 문화를 만들어갈 수 있어야 합니다. 부활절, 성탄절, 감사절 행사를 사회와 함께 하여야 합니다.

가령 성탄절에 예수가 이 땅을 구원하기 위해 태어났다는 소식을 교회 밖을 향하여 알려야 합니다. 교인들은 그 사실을 다 알고 있습니다. 마찬가지로 수난절에 십자가 행진을 하며 예수가 인류를 구원하기 위해 저렇게 십자가를 지셨다는 것을 교회 밖에 널리 알려야 합니다.

13 오늘의 한국 교회의 병이 무엇일까요?

첫째, 대형 교회가 형성되어 지성전을 세우고 있습니다. 새로운 신도가 증가하는 것이 아니라, 교인의 수평이동이 이루어지고

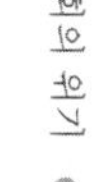

있습니다.

둘째, 물질만능주의가 교회의 영성을 침범하고 있습니다. 교역자의 높은 사례비, 고급 호화 자동차가 그 예입니다. 21세기 새 밀레니엄 문화에 교회가 대처하지 못하고 있습니다.

셋째, 교인들의 우월적 사고는 인간을 죄인과 의인으로 가르는 심판관이 되어버립니다.

넷째, 목회철학이 빈약합니다. 교세 확장 수단으로 전락한 목회자, 장로들이 대량 생산되고 있습니다.

다섯째, 목회자가 목회자답지 못합니다. 성공과 출세 지향주의에 밀려 역사의 혜안을 가진 인물이 부족합니다.

여섯째, 개척교회를 사고파는 일이 일어납니다. 교회생활과 사회생활이 불일치되고 있습니다. 기독교가 강자들의 교회, 부유층 중심의 교회, 불의한 강자편에 서는 교회로의 변질에 적극적으로 대처해야 합니다.

교회는 주님의 백성들의 모임이고 교회의 주인은 주님이십니다. 여기서 목회자는 교회를 봉사하는 단지 종(servant)일 뿐이라는 인식이 필요합니다. 목회자가 주님의 교회라는 공교회의 개념을 가질 때, 개인주의적 사욕과 영웅주의를 극복하게 될 것입니다.

한국 교회 제2세기를 향한 비전은 무엇인가요?

한국 교회의 2세기를 향한 비전(vision)은 회개운동으로 시작해야 합니다.

오늘의 한국 교회가 초기보다 더 죄가 없다고 할 수 없을 것입니다. 그러나 회개운동을 통한 교회의 변화는 보이지 않습니다. 다시 한 번 1907년 평양 대 각성운동으로 돌아가 교회의 참 이미지를 세상에 드러낼 수 있어야 할 것입니다.

당시 길선주 장로는 "마음의 문을 열고 성령을 영접하라"는 제목으로 열띤 설교를 하고 있었습니다. 설교 도중 자신은 아간과 같은 도둑놈이었다며 통회를 하며 눈물을 흘리기 시작했고, 전 교인들 각자가 자신들의 죄를 통회하자 장래는 울음바다가 되기 시작했습니다.

윌리엄 블레어는 그의 책『한국의 오순절』에서 그 때의 상황을 다음과 같이 말하고 있습니다. "기도가 계속되자 무겁고 슬픈 마음이 청중들을 사로잡았다. 한쪽 구석에서 어떤 사람이 울기 시작하였고 이어 모든 청중들이 울기 시작하였다. 한 사람 한 사람 일어나 자신의 죄를 고백하고는 털썩 주저앉아 흐느껴 울다가 마루 위에 뒹굴며 고뇌에 찬 모습으로 마룻바닥을 두 주먹으로 두들겼다. 죄를 고백한 후에 청중이 함께 모여 드린 이 통성기도의 감회는 말로 표현할 수 없는 것이었다. 나는 자리에서 일어나 기도를 시작했는데 아바지 아바지 외에는 더 이상 무슨 말을 할 수가 없었다. 마치 교회당 지붕이 벗겨져 나가는 것 같았다."

제 11 장

새 시대로서 21세기 교회

미국에서 캐나다로 가는 휴게소 근처에 "길가 예배당"(Wayside Chapel)이라는 간판이 붙은 겨우 대여섯 사람이 들어가 기도드릴 수 있는 작은 예배당이 있습니다. 그 곳은 마약이나 알코올 중독자, 사업과 가정에 실패하고 삶을 포기하여 자살하고자 하는 사람들이 많아 그것을 보고 안타깝게 여긴 몇몇 신실한 그리스도인들이 그곳에 세워 수많은 사람들이 그 기도 처소에서 잠시 쉬면서 기도하는 가운데 하느님을 만나 삶의 변화를 받게 되는 경우가 많았다고 합니다.

세계에서 가장 작은 교회

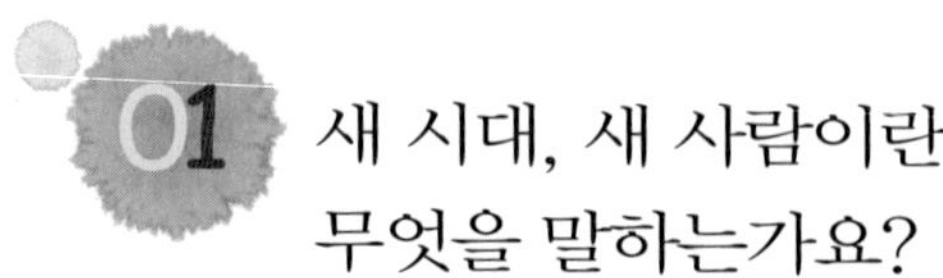

01 새 시대, 새 사람이란 무엇을 말하는가요?

새 시대는 "하느님의 시간"을 말합니다. 그것은 연대기적(chronical) 시간이 아니라, 하느님의 때를 말하는 카이로스(kairos)를 말합니다. 새 시대는 하느님이 이 시대를 열어간다는 확신 있는 믿음(faith)입니다. 이 믿음은 자기 확신(self-conviction)과는 다릅니다. 그러므로 새 시대는 하느님의 시간과 관계가 있습니다. 새 시대란 하느님의 시간이 낡은 인간의 시간들(체념, 바쁨, 게으름…)에 의해서 빼앗긴 것을 알고 하느님의 시간에 참여하는 것을 말합니다.

새 시대에 걸맞는 새 사람은 하느님의 뜻을 묻고 어떻게 살아갈 것인가를 생각하는 소명감이 있는 사람이라고 할 수 있습니다. 하느님의 시간에 참여하는 사람은 자신의 결심이나 확신이나 주변의 환경에 의해서 좌우되는 것이 아니라, 하느님의 시간에 참여하므로 오는 것입니다.

왜 목사가 되려고 준비하고 있습니까? 하느님의 뜻을 물어야 합니다. 한 목회 지망생이 "나는 이 세계의 평화의 사도가 되기 위해 목사직을 택했고, 그리고 이 일을 성취하기 위해서는 반드시 목사가 되어야 한다고 생각합니다."라고 확신 있게 말했다면, 이러한 소명(calling)을 가진 그 사람은 대답이 분명할 것입니다. 목사가 되지 않으면 죽을 것 같습니다. 왜냐하면 목사직을 통해서 자신은 하느님께 기도한 그 뜻을 성취할 수 있다고 믿기 때문입니다.

이와 같이 새 시대, 새 사람은 이 땅에서 하느님의 부름에 따라 새 일을 하는 사람들을 말하고 있습니다.

02 새 시대를 열어가는 교회의 상은 어떤 모습일까요?

"새 술은 새 부대에!" 이 말은 새 시대를 열어가야 된다는 말입니다. 새 시대는 20세기가 지난 21세기를 말하는 것이 아닙니다. 새 시대는 연대기를 말하지 않습니다. 새 시대는 1년을 마감하면서 새해를 맞는 그런 의미에서 새 시대가 아닙니다.

첫째, 새 시대를 열어가는 교회는 비전(vision)이 있는 교회입니다. 그 교회는 주님의 말씀에 귀를 기울입니다.

"힘을 내고 용기를 가져라."(수 1:6)

"새 노래로 야훼를 노래하여라."(시 96:1)

"성령은 말할 수 없는 탄식으로 우리의 연약함을 아시고 우리를 위하여 친히 기도하신다."(롬 8:26)

"낡은 것은 사라지고 새 것이 나타났다."(고후 5:17)

둘째, 교회는 교회의 건강성을 점검(check)합니다. 이 점에서 교회는 당파성(party)을 가지게 되는 것입니다. 예를 들면 병든 자와 건강한 자가 있으면 병든 자를, 눌린 자와 자유로운 자가 있으면 눌린 자에게 관심을 가지고 치유하는 공동체가 되어야 합니다. 교회가 소외당한 자의 진정한 이웃이 될 때 성숙되어가며 건강한 교회가 되는 것입니다.

셋째, 교회의 임무는 섬김의 종으로 이 세상에 오신 예수 그리스도에 대한 헌신으로 바쳐지는 사랑과 봉사를 수행하는 것입니다. 외국인 노동자, 결손 가정, 노숙자들을 돌보는 쉼터를 마련하는 것도 하나의 방법이 될 것입니다. 말기 환자를 돌보는 호스피스도 교회가 소외되는 곳을 선교하는 교회로서 역할이라고 할 수 있습니다.

03 오늘의 서구 교회를 진단해볼까요?

북아메리카(North America), 특히 캐나다(Canada)의 상황을 통해 서구교회를 보도록 하겠습니다. 캐나다의 종교 사회적 상황을 한 신학자는 이렇게 말하고 있습니다.

첫째, 무관심 냉담(apathy)이 사회 전반을 흐르고 있어 어떤 이슈에 대한 분명한 찬성(Yes)과 반대(No)가 없습니다.

둘째, 다원주의(pluralism)가 팽배해 있습니다. 모든 것이 옳습니다.(Everything is all right.) 무엇이나 괜찮습니다.(Anything goes.) 아무도 틀리지 않습니다.(Nobody is wrong.) 이러한 다원주의적 사고에서는 배타성은 용납되지 않습니다. 여기서 기독교는 그들의 미움의 대상이 될 수 있습니다.

셋째, 캐나다에서 다수의 기독교, 소수의 이슬람교와 유대교가 대표적인 주요 종교입니다. 그러나 대다수의 사람들은 다원주의적 사고를 가지고 있어 교회가 호모섹스에 대해서 부정적으로 말하면 열광주의자(fanatic)로 몰고 있습니다.

넷째, 캐나다의 기독교의 분포는 천주교, 연합교회(United Church), 오순절교회(Pentecostal), 침례교(Baptism Church)의 크기로 분포되어 있습니다. 냉담한 세계에서 웃음을 주제로 한 빈야

드 운동(Vineyard /Toronto Blessing)은 새로운 종교 운동으로 나타나기도 했습니다.

교회가 우선적으로 해야 할 것이 무엇인가요?

첫째, 하느님의 뜻을 묻는 교회입니다.

어떠한 사건이 일어났을 때, 하느님의 뜻을 묻는 것은 교회가 세상에서 일어나는 일에 무관심하지 않고 문제를 하느님께 가져가는 좋은 방식이 되는 것입니다.

둘째, 교회는 다양성 속에서 일치를 모색하고 선교의 사명을 수행하고자 합니다.

열린 교회는 교회와 교회, 교회와 사회의 연결의 프로그램을 모색합니다. 예를 들면 독일의 "교회의 날"(Kirchentag) 행사는 개신교회와 가톨릭 교회가 번갈아 가면서 매 4년마다 열립니다. 행사는 축제가 되며, 문제 발굴, 창조적 사고를 얻게 되고 있습니다.

셋째, 교회는 하느님 나라의 운동입니다.

예수는 하느님 나라 운동의 시작을 가난한 자, 병든 자, 소외된 자들과 연대(solidarity)함으로 시작했습니다. 더 나아가 교회는 기아, 전쟁, 테러, 핵무기, 마약, 자살, 소외, 오염이 자행되는 것에 반대하고(Angry No!) 항거(protest)해야 합니다. 교회는 정치, 경제, 사회, 문화의 대답이요 대안입니다. 교회는 세상을 치유하는 치유

소입니다.

넷째, 교회는 이 세상에 기쁜 소식, 즉 복음을 전합니다.

이 점에서 사도행전의 초기 교회는 오늘의 교회의 모델이 됩니다. 초기 교회는 성령 충만하고, 땅 끝까지 복음을 전파하는 것을 사명으로 하고 있었습니다. 교회의 본질이 십자가의 복음을 땅 끝까지 전하는 것입니다. 진정한 교회는 끊임없이 개척되고 개혁되어야 합니다.

다원화시대에 교회의 상은 어떠해야 하나요?

오늘의 시대는 다원화시대입니다. 개인 차원에서 보면 개인의 의지에 근거한 선택과 결정을 존중한다는 것이며 집단에 있어서도 문화적인 차이인 사상과 생활양식 등의 차이를 존중하겠다는 뜻입니다.

그 예로, 진보와 보수가 갈라져 한 사건과 주제를 가지고 같은 시간에 장소만 달리하여 자기주장을 시위하는 경우가 있습니다. 이러한 경향들은 과거의 계급주의적 문화와는 달리 동일성보다는 차별화를 존중하고 다양한 목소리의 가치를 인정합니다. 이것은 안과 밖, 선과 악, 이성과 감정, 정신과 몸, 고급과 저급, 빈부귀천, 남녀노소 등의 경계선이 허물어졌음을 말합니다.

급변하는 대중문화는 상업주의와 결탁하여 결국 극단적인 다원주의의 영향을 받아 자기 욕구를 발산하는 저급의 문화로 나타나게 되었습니다. 가치의 다양화가 방향설정이 잘못됨으로써 기존의 윤리의식은 실종되고 도덕적 질서 역시 희박해진 것이지요.

따라서 오늘의 문화를 어떻게 수용할 것인가라는 문제는 매우 중요합니다. 전적으로 부정만 한다면 교회는 점점 시대에 뒤떨어지고 젊은 층은 이탈할 것이요, 반대로 잘못된 문화를 그대로 수용한다면 교회의 정체성이 사라질 위험이 있는 것입니다. 이러한 현상을 극복하기 위해 적절한 대안을 마련해야 할 것입니다. 그것은 에큐메니컬적 이해에서 그 답을 찾을 수 있을 것입니다.

다양한 사람들 가운데 가장 중요한 공통점이 있다면 그것은 하느님을 경외하는 신앙입니다. 우리의 삶 전체를 변화시킨 하느님과의 관계는 우리 모두에게 삶의 목적과 의미를 발견케 할 것입니다. 지구라는 한 지붕 아래 살고 있다는 사실 하나만이라도 인식한다면 에큐메니컬 사고는 불가피할 것입니다.

21세기 교회 개혁은 어떠해야 할까요?

오늘의 교회 구조는 500여 년 전 종교개혁 시대에 만들어진 틀(frame)입니다. 이제 새로운 패러다임으로 바뀌어야 합니다. 교회의 새로운 운동(New Movement of Church)을 펼치고 있는 미국의 로버트 슐러의 크리스탈 교회, 척스미스 목사의 갈보리 채플, 조지 그래그 목사의 훼이스 채플은 교회 개혁을 위해 좋은 모델이 되고 있습니다. 이들 교회들은 21세기 교회가 어떠해야 하는가를 말하고 있습니다.

첫째, 교회는 오직 말씀을 배우는 일, 성도의 교제를 통해 하느님의 강한 임재를 느낄 수 있는 성령 충만한 교회들로 두각을 나타내고 있습니다.

둘째, 교회의 비본질적 요소를 과감하게 제거한 데 있습니다. 주보의 형식, 좌석의 형식, 시간의 형식, 수직적 질서 등의 제도 교회의 형식주의를 제거하고 간증과 찬양, 말씀을 통해 회중 중심의 목회를 하고 있는 것입니다.

셋째, 팀 사역의 중심으로 축을 바꾸는 일입니다. 제도 교회가 담임목사 일인 체제였다면 이 교회들은 새로운 다양한 교회의 형태, 즉 제자직(discipleship)의 교회, 셀(cell) 교회 등으로 팀 목회를 통해서 실천성을 강화시키고 있습니다.

21세기 다양성이 요구되는 사회 속에서 교회는 공룡이 되는 것이 아니라, 수많은 작은 교회들로 활성화되어야 할 것입니다.

07 21세기 선교의 새 방향은 어떻게 시작하여야 할까요?(1)

교회의 탄생이 어떻게 시작되었는가를 살펴볼 필요가 있습니다. 로마제국의 박해 아래서 마가 요한의 다락방에 모인 구성원들은 무서워서 문을 잠그고 함께 기도하고 찬양했습니다. 이렇게 모인 자들이 교회의 탄생을 의미하지 않았습니다. 모인 구성원들이 기도하고 찬양하고 말씀을 듣는 순간 그들에게 성령의 능력이 그들에게 임했습니다. 이제 그들은 무서울 것이 없었습니다. 세상을 향해 문을 활짝 열었습니다. 세상을 향해 문을 활짝 열기 시작했을 때, 그때 비로소 선교의 방향이 정해진 것입니다.

교회가 새 교회가 되기 위해서는 초기 교회처럼 성령 충만한 가운데 사회에 비전을 줄 수 있어야 합니다. 그것은 교회의 본질을 찾는 운동이 될 것입니다. 그러기 위해서는 제도 교회의 벽을 허무는 것입니다. 오늘의 교회를 사람들은 성직자 중심의 교회, 조직교회, 기관교회, 건물교회, 프로그램 중심의 교회 등으로 부르고 있습니다. 제도권의 벽을 넘어 초기 교회(제1장 참조)에서 보여준 교회의 본질(제2장 참조)을 찾는 것을 우선적으로 시작해야 할 것입니다.

초기 교회는 교회라는 벽에 갇히지 않았습니다. 사도들은 흩어지면서 어느 곳에서든지 복음을 부지런히 전했습니다. 유대인들을 위해서는 회당을 찾아가서, 이방인들을 향해서는 시장에서 복음을 전했습니다.(행 14:1, 17:1-33, 18:4, 19) 다시 말하면 설교를 한 것입니다. 그러나 그것은 복음전파의 목적을 위해 그렇게 한 것입니다. 교회의 방향은 흩어지는 교회, 즉 선교를 위해 정해질 때 건전한 교회가 될 수 있습니다.

08 21세기 선교의 새 방향은 어떻게 시작하여야 할까요?(2)

첫째, 교회는 작은 공동체로 구성되는 것이 바람직합니다. 교회의 최초의 형태는 개인의 집을 개조하여 만든 것이었습니다. 따라서 교회는 건물의 크기나 화려함에는 상관이 없습니다. 교회의 대형화는 인간의 욕심에서 나온 것입니다. 자신의 이름이 나타나는 순간 주님이 숨어버립니다. 교회가 공룡이 되는 것이 아니라, 작은 교회로의 활성화가 시급합니다. 초기 교회(제1장 참조)의 모임에서 그리스도가 중심이 되는 나눔이 주제였습니다.

둘째, 교회는 고난 받는 공동체이어야 합니다. 독일의 경우 교회가 사회의 어두운 면, 장애우, 알코올 중독, 노인 복지, 정신장애 등의 상당부분 사회의 어두운 면을 해결하고 있습니다. 이 점에서 교회는 사회의 빛과 소금입니다. 사회에서 힘겹게 살아가는 사람들에게 교회는 희망으로 나타나고 있습니다. 그들의 디아코니아(diakonia) 활동이 그 일들을 떠맡고 있습니다.

셋째, 21세기는 영성과 에큐메니컬의 시대입니다. 말씀과 기도와 전도하는 일을 위해 효과적 교회 연합이 필요합니다. 수난절, 부활절, 성탄절, 추수감사절을 교회 안에서뿐만 아니라, 교회 밖에서도 축제를 마련하여야 합니다. 그렇게 되면 지역이 치유 회복되는 기적이 일어날 것입니다. 교회는 실정에 맞는 행사를 통해 사회와의 관계를 활성화하여야 합니다.

넷째, 교회는 세계를 잘 가꾸고 다스리라는 성경 말씀을 실천해야 합니다. 큰 용서를 받은 자는 다른 사람을 용서하고, 돕고 그리고 사랑합니다. 하느님이 세상을 사랑하듯이 교회는 세상을 사랑하는 것입니다.

21세기 선교의 새 방향은 어떻게 시작하여야 할까요?(3)

선교는 비전을 가지고 시작해야 합니다. 새벽을 깨우면서 하느님과 깊은 대화를 하면서 목회의 비전을 키워 나가는 동안 교회는 어느새 지치고, 메마르고, 갈 바를 모르고 방황하는 사람들에게 위로와 희망을 주는 안식처가 되는 경험을 가질 것입니다. 이와 아울러 오늘날 문화는 복음 사역을 위해 필수적입니다. 다음과 같은 문화 활동을 교회가 시작한다면 교회와 지역사회가 좋은 대화를 시작할 수 있을 것입니다.

1) 주부대학을 만들어 킬트, 요리, 외국어, 악기 등을 배울 수 있도록 제공하고 그리고 그들의 협력을 통해 지역사회의 활성화 프로그램을 만들어 제공합니다.

2) 노인대학을 만들어 건강을 위한 강의와 체조 댄스 등을 배울 수 있도록 제공하고, 노인으로부터는 예절과, 한문과 붓글씨 등을 배우는 기회를 마련해줍니다.

3) 외국인을 위한 소위 외국인대학을 만들어 한국어 강좌와 한국 문화를 가르치며 그들을 외롭지 않도록 보살피며 그들이 한국사회의 일원이 되도록 도와줍니다.

4) 새터민(탈북자)과 중국과 필리핀을 통한 모슬렘 선교 방향과 비전을 세우는 일은 매우 중요합니다. 서로간의 중국어, 영어를 배우고, 한국어를 가르치며, 선교의 새 방향을 위해 선택과 집중을 할 필요가 있습니다.

10 교회는 문화사역에 비전이 있나요?

수직적 신앙 중심의 목회는 보수적 근본주의 신학에 근거한 것으로서 영혼 구원을 위한 전도를 열심히 하여 교회 성장에 큰 기여를 했습니다. 그러나 이제 그의 역기능도 진지하게 다루어야 할 상황입니다. 이러한 목회 패러다임은 수직적인 하느님 신앙에만 집착하다 수평적인 신앙인 이웃 사랑에 대한 책임을 소홀히 한 것입니다. 여기에 대한 대안으로 교회 건물의 공간 활용을 생각해 볼 수 있습니다.

우선 교회 건물의 출입구를 확 트인 로비의 공간을 만들어 문화의 공간으로 사용하여 기간을 정하여 그림, 사진, 조각 등의 작품들을 전시하여 교회와 사회가 만나는 장을 만들 수 있을 것입니다. 다음으로 식당 공간의 활용입니다. 식당은 주일 낮 식사하는 시간 빼고는 거의 잠자고 있는 공간입니다. 인테리어 설계를 할 때 환기시설을 보강하고 식당의 홀 공간과 주방 공간을 완전히 구분하는 이동벽체를 설치하여 식사시간 이외에는 "카페 공간"으로 활용한다면 거기서는 독서방, 대화방, 인터넷 방, 족욕(足浴)장 등의 쉼터가 되어 사회에 열린 공간이 될 것입니다.

교회는 변화하는 세계를 새로운 안목으로 바라보고 대처해야 합니다. 그것은 미래의 변화를 수용하고 대처하는 것이며 교회가 세상에 더 많은 기회를 만드는 것이 될 것입니다. 이제 건물로서 교회도 세상 사람들이 들어와 느낄 수 있도록 지어져야 합니다. 21세기 교회는 교회의 내적 문제와 갈등에서 벗어나 어떻게 교회가 세상에게 영향력을 줄 수 있을 것인가 지혜를 모아야 할 때라고 봅니다. 교회의 아름다움은 복음전파의 활력소가 될 수 있습니다.(참고, www.yagin.net)

11 교회의 건강성을 어떻게 회복할 수 있을까요?

그리스도가 이 땅에 오신 것은 이 세상을 구원하시기 위해 오셨습니다.(요 3:16) 그리스도가 십자가에 달리신 것은 유대인이나 헬라인이 하나 되게 하는 것이요, 그리스도의 피로 모두가 구원에 이르게 되었다는 것입니다.

모이는 교회, 즉 예수를 그리스도로 고백한 자들이 할 일은 "뜻밖의 소식"(unexpected news)을 전하는 것입니다. 그러나 교회가 세상 사람들에게 "뜻밖의 소식"을 전하지 못하고 교회당에 모여 예배와 찬양과 친교를 하는 것만으로 만족한다면 복음의 세계성을 왜소하게 만들어 교회의 건강성을 해치는 우를 범하게 되는 것입니다.

복음을 먼저 받은 자들은 마땅히 성(聖)과 속(俗)을 가르는 것이 아니라, 보다 적극적으로 세상과 하나가 되도록 한 복음의 특성을 밝혀야 할 것입니다. 복음은 성과 속의 벽을 무너뜨리는 것입니다. 그렇기 때문에 복음이신 예수 그리스도는 신자나 불신자 모두에게 "뜻밖의 소식"으로 다가옵니다.

교회의 건강지수는 구성원 모두가 건강할 때 건강한 것처럼 교회가 흩어져 교회와 사회가 하나되기까지 복음을 전파하고 빛과 소금이 되어 봉사할 때입니다.

1) 건강한 교회는 모이면 기도하고 흩어지면 전도하는 교회입니다.

2) 건강한 교회는 시대의 정신에 빛을 발하는 교회입니다. 교회가 세상에 있는 것은 어두운 곳에서 빛을 발하고 있기 때문입니다.

3) 건강한 교회는 예수의 증인되는 교회입니다.

12 21세기 한국에서 주목받고 있는 교회의 특징을 살펴볼까요?(1)

두레교회(김진홍 목사, 장로교 통합)는 교육과 공동체 훈련을 통한 생활공동체로 두레마을을 만들어 운영하고 있어 사회 참여가 생산과 소비의 경제 활동으로 나타나고 있습니다. 교회의 비전은 성서한국(참고, 김교신의 성서조선)을 내세워 성서로 통일한국을 준비하는 점이 특유합니다. 오늘날에는 뉴 라이트(New light) 운동을 펼치면서 사회 변혁을 모색하고 있습니다.

사랑의 교회(옥한음 · 오정현 목사, 장로교 합동)는 사역의 방향을 성도들의 아픔과 상처를 치유하는 치유 목회에 중점을 두고 제자 훈련을 강화하고자 합니다. 여기서 다락방 모임(직능별 법, 경제, 정치, 직장 등)을 이끌어가는 순장은 작은 목자로서의 역할을 감당합니다. 특히 원활한 의사소통을 위해 목양사역의 홈페이지 공간에서 만남을 통해 전반적인 생활의 영역에 있어서 활성화를 꾀하고자 하고 있는 것이 특징적으로 나타납니다.

지구촌교회(이동원 목사, 침례교)는 교회 조직을 목장(cell) 중심으로 편성하여 운영하고 있습니다. 목장에서 나온 헌금은 목장과 사역을 위해 쓰기 때문에 보다 현실 참여의 선교를 가능케 하고 있습니다. 목장 교회(cell church)는 종래의 구역예배에 사역자를 위한 프로그램으로 성도를 말씀으로 세우는 훈련 공동체요, 가정과 사회를 변화시키는 치유 공동체를 지향하고 있습니다.(참고, 골 1:28) 사역자 중심의 목회는 지구촌을 가슴에 품고 선교를 하는 것을 목표로 하는 선교공동체라고 할 수 있습니다. 『목적이 이끄는 삶』의 저자 릭 워렌이 담임하고 있는 새들백 교회가 바로 평신도 사역에 중점을 두고 있습니다.

13 21세기 한국에서 주목받고 있는 교회의 특징을 살펴볼까요?(2)

온누리교회(하용조 목사, 장로교 통합)는 가족 치유, 심리 치유,

인터넷 활용이 특징적으로 나타납니다. 이 교회는 경배와 찬양으로 두각을 나타내고 있으며, 목요찬양예배, 24시간 기도할 수 있는 기도의 방을 만들어 기도에 중점을 두고, 선교에 중점을 두는 교회입니다. 여의도 순복음교회(조용기 목사, 순복음교회)는 은사 중심의 교회로서 신유, 기적, 방언을 중요시하고 있습니다. 물질의 축복과 질병에서 건강을 위한 메시지는 이 교회의 특징이기도 합니다.

새안산 레포츠교회(김학중 목사, 감리교)는 레포츠 시설 운영과 관련, 레포츠를 접목한 교회 사역을 고려하고 있습니다. 이 레포츠교회는 현재 교회 본당을 체육관으로 사용하고 있어 사회와 교회를 잇는 다리 역할을 하여 사회에 친근감을 더해주고 있는 것이 특징이기도 합니다. 명성교회(김삼환 목사, 장로교 통합)는 새벽집회와 기도의 방을 만들어 기도를 통한 성장을 꾀하고 있습니다. 이 교회는 한국 교회의 고유한 특징인 새벽기도를 통해 교인들의 영적 성장을 도모하는 것이 특징이라고 볼 수 있습니다.

대형 교회들은 선교, 봉사, 치유 등의 사역을 나름대로 하고 있는 교회들이라 생각합니다. 그러나 이 대형 교회들이 개교회 중심, 맘몬주의 중심에서 내려, 성경이 요구하는 틀, 즉 세계는 하나, 그리스도는 세계의 주라는 큰 그림으로 변화(paradigm shift)를 우선적으로 생각하고 실천한다면 하나님이 원하시고 사회가 기뻐하는 기적이 나타날 것입니다. 하느님은 교회를 사랑하는 것이 아니라, 교회가 있는 이 세상을 사랑하고 있기 때문입니다.(요 3:16)

제 12 장

목회

바른 목회는 교회를 세울 뿐만 아니라 사회를 건강하게 합니다. 목회는 수직과 수평으로 십자가를 이 땅에 세우는 일입니다. 수직은 하나님을 사랑하는 일입니다. 이것은 영적인 문제, 즉 복음의 문제입니다. 수평은 내 이웃을 사랑하는 일입니다. 내 이웃은 우리가 삶을 나누는 어디에나 있습니다. 소외된 자들 그리고 파괴되어 가고 있는 자연이 내 이웃입니다. 세상에 세워진 그리스도의 십자가는 그 뒤를 따르는 사람들에 의해 이 세상의 빛이 됩니다.

길가 예배당(Wayside Chapel)

01 목자와 양의 관계에서 목회자는 누구인가요?

목회자는 길을 안내하는 인도자입니다. 양과 목자의 비유로 보면 양을 인도하는 목자와 같습니다.

> "야훼는 나의 목자, 아쉬울 것 없어라. 푸른 풀밭에 누워 놀게 하시고 물가로 이끌어 쉬게 하시니 지쳤던 이 몸에 생기가 넘친다. 그 이름 목자이시니 인도하시는 길, 언제나 곧은 길이요, 나 비록 음산한 죽음의 골짜기를 지날지라도 내 곁에 주님 계시오니 무서울 것 없어라. 막대기와 지팡이로 인도하시니 걱정할 것 없어라. 원수를 보라는 듯 상을 차려 주시고 기름 부어 내 머리에 발라 주시니, 내 잔이 넘치옵니다. 한 평생 복에 겨워 사는 이 몸, 영원히 주님 집에 거하리로다."(시 23:1-6)

하느님은 목자요, 하느님의 백성들은 양입니다. 마찬가지로 목회자는 신령한 은사를 구하여 자기의 교회를 영적으로는 물론 도덕적으로 지도할 수 있는 선한 목자입니다.

1) 선한 목자는 양에 앞서갑니다.(요 10:4)

2) 선한 목자는 양을 위해 목숨을 버립니다.(요 10:17)

3) 선한 목자는 양떼를 위하여 모든 것을 삼가 행합니다.(행 20:28)

4) 선한 목자는 양을 푸른 초장으로 잔잔한 물가로 인도합니다.(시 23:2; 요 21:16)

5) 선한 목자는 무리의 본이 됩니다.(벧전 5:3) 이외에도 목회자는 파수꾼입니다.(겔 3:17)

6) 선한 목자는 사역자로서 복음을 전파합니다.(고전 4:1)

7) 선한 목자는 시중드는 자요, 일꾼입니다.(고후 6:4; 딤후 2:15)

02 목회의 원리란 무엇인가요?

목회의 원리는 목회서신(디모데전서, 디모데후서, 디도서)에 잘 나타나 있습니다. 이 서신들은 교회와 사역에 대한 "목회적 관심"(pastoral concern)이 집중되어 있습니다.

목회서신의 구조는 단순합니다. 다시 말해서 그 목회자는 거짓 교사들에 대항하여 논증하고 교회에는 제도적 조직을 권고하고 있습니다. 그는 디모데와 디도에게 교회의 성직을 부여받은 목회자들의 올바른 행동과 실천을 촉구하고 있습니다.(딤전 4:12-16; 딤후 2:22-25; 딛 2장) 여기에 대한 기본 원칙은 다음과 같습니다.

1) 복음을 전하라. 목회란 세상을 향해 복음을 전하는 것입니다.

2) 성경을 가르치라. 목회란 성경을 강해하고 권면하며 교훈하는 일에 주력하는 것입니다.

3) 스스로 삼가라. 목회란 양떼를 위하여 사역자 자신 스스로가 행동과 몸가짐을 바르게 하는 것입니다.

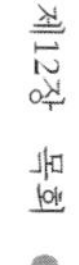

4) 내 백성을 먹이라. 목회자로서 감독을 세운 것은 하느님의 백성들을 잘 먹이기 위해서입니다.

5) 예배드리는 것을 즐거워하라. 목회자는 예배를 통하여 신도들을 푸른 초장으로 잔잔한 물가로 인도합니다.

목회란 상한 영혼을 감싸주며, 지친 영혼들을 그리스도에게 초대하여 쉼을 얻고, 힘을 얻은 자들이 다시 사역자가 되는 것을 말합니다. 세상에 복음을 전하는 발이 얼마나 아름다운지요?

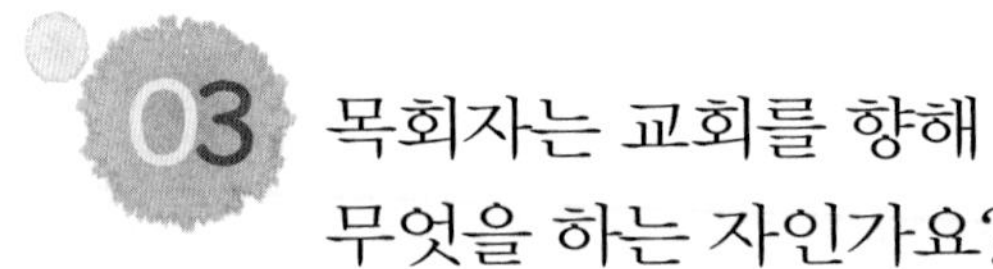

03 목회자는 교회를 향해 무엇을 하는 자인가요?

목회자가 꼭 해야 할 첫 번째는 모이는 교회를 잘 돌보기 위해서 설교와 심방과 교육을 통해 교회의 영적 생활을 지도하는 일입니다. 그 다음으로는 흩어지는 교회에게 복음을 전파하고 돌아와 간증할 수 있도록 하는 것입니다. 더 자세히 살펴보도록 하지요.

1) 목회자는 설교를 통해서 이 세상에서 들어보지 못한 복음의 소리, 즉 뜻밖의 소식(unexpected news)을 들을 수 있도록 성경을 연구하고 묵상해야 합니다.

2) 목회자는 심방을 통하여, 불신자, 회의를 하는 자, 상심하는 자, 낙망하는 자, 입교를 원하는 자들에게 좋은 상담자(counselor)가 되어 신자의 영혼을 성장케 하는 계기를 만들어 가는 일입니다.

3) 목회자는 교회 교육의 지도자로서 주일학교, 학생회, 청년회, 여신도회, 남신도회 등의 교육을 통해서 교회가 바르게 세워져 갈 수 있도록 훈련의 장을 마련해야 합니다.

4) 목회자는 그리스도의 지상명령에 따라 이 땅에 복음을 전파하는 일에 매진하도록 하는 자입니다. "그러므로 너희는 가서 이 세상 모든 사람들을 내 제자로 삼아 아버지와 아들과 성령의 이름으로 세례를 베풀어라."(마 28:19) 모든 그리스도인은 세상을 향해 복음을 선포하는 일을 위해 증인들로 세워졌습니다.(마 10:5; 눅 10: 9)

04 목회자는 세상을 향해 무엇을 할 수 있는가요?

목회자가 영적 사업을 중요시하는 것은 물론이지만 사회의 규범에 있어서도 지도자입니다. 목회자는 사역자들(모든 교인들)과 함께 그 사회를 이끌어가는 추장과 같은 역할을 생각해 볼 수 있습니다. 무엇을 생각할 수 있을까요?

1) 목회자는 세계를 향한 봉사자입니다. 목회자는 사회에서 의지할 사람이 없고, 돌보아줄 사람이 없는 사람들에 대해 교회가 관심을 가지고 도울 수 있도록 해야 합니다. 목회란 잃은 양을 향한 관심 속에서 세상을 향해 펼치는 사역입니다. 사역자는 악령들을 제어하여 그것을 쫓아내고, 병자와 허약한 사람들을 고쳐주는 일을 합니다.(마 10:1; 눅 10:20) 더 나아가 죽은 자를 살리고, 나병환자를

깨끗이 낫게 해주고 마귀를 쫓는 일을 수행하는 것입니다.(마 10:7-8) 이제 사회에서 "왕따" 된 자들과의 연대(solidarity)는 그리스도인들의 몫입니다.

2) 목회자는 오늘 이 시대를 향하여 바르게 외치는 예언자입니다. "세계는 나의 교구다"고 말한 감리교의 창시자 웨슬리처럼 세계에 대한 관심을 가져야 합니다. 예를 들면 왜 자연은 죽어가고 있고 지구의 생명은 위기를 맞고 있는가? 죽어가는 자연 앞에서 교회가 창조 보존을 외쳤지만 아직 자연을 살려낼 만한 정신적 힘을 발휘하지 못하고 있습니다. 오염된 공기, 흙, 물이 지구의 생태계를 위협시키고 있습니다. 하느님이 지으신 아름다운 지구 가꾸기에 교회가 할 수 있는 최선의 일을 찾을 수 있도록 목회 방침을 정할 수 있어야 할 것입니다. 하느님의 백성이 사는 이 세계가 멸망해가고 있다는 비보는 환경에 대한 교회의 무관심이 문제가 됩니다.

05 목회 시작을 위한 준비와 프로그램은 어떻게 되나요?

목회는 수도의 길을 걷는 것과 같습니다. 내적으로는 고요히 하느님을 만나는 것이고, 외적으로는 하느님의 백성들을 양육하여 세상에 내보내는 것입니다. 그러기 위해서 목표가 분명해야 합니다. 첫째 목표는 복음입니다. 둘째는 내가 죽는 것입니다. 그 다음 무엇을 할까요?

1) 성경을 바로 가르칩니다. 성경 연구반을 운영합니다.

2) 기도의 그룹을 만들고 기도의 다양한 종류를 실시합니다. 항상 자신을 돌아보는 겸손함을 가지고(고전 9:27), 날마다 경건을 연습합니다.(딤전 4:7-8) 경건은 기도의 생활에서 비롯됩니다. "눈물이 차야 교인이 찬다."는 말이 있습니다. 목회자는 부임하자마자 강단에서 기도하여야 합니다. 그러면 기적이 일어납니다. 불쌍히 여기소서 하고 기도하는 목회자와 성도가 되어야 할 것입니다.

3) 성령이 임하기 전에 떠나지 말아야 합니다.(참조, 행 1:8) 성령은 주역이고 우리는 조역입니다. 우리는 성령의 능력 안에서 하느님의 동역자가 됩니다.(고전 3:9) 능력을 받지 않고 목회를 시작해서는 안 됩니다.

4) 하느님의 은혜를 받으면 일을 해야 합니다.(고후 6:1) 성령을 받으면 세상으로 나아가 그리스도의 증인이 되어야 합니다. 교회의 진정한 의미는 교회가 세상에 나아가 사역을 할 때입니다.

06 목회자의 목회 철학은 어떠해야 하나요?

첫째, 목회자도 인간입니다. 인간에게는 실수가 있고 그리고 지저분한 것도 있습니다. 따라서 목회자 자신이 인간화되어야 합니다. 인간의 한계성, 죄성, 피조성을 솔직히 드러낼 수 있어야 합니다. 바울이 고백한 것처럼 "나는 내가 하는 일을 도무지 알 수 없습니다. 내가 해야겠다고 생각하는 일은 하지 않고 도리어 해서는 안

되겠다고 생각하는 일을 하고 있으니 말입니다.”(롬 8:15)라고 고백할 수 있어야 합니다.

둘째, 목회자는 성도들을 사랑해야 합니다. 특히 어두운 그늘에 있는 자들을 발견하고 도울 수 있어야 합니다. 그러므로 바람직한 교회는 큰 이야기(big story)가 아니라, 작은 이야기(small story), 즉 한 개인의 이야기를 소중하게 들어줄 수 있는 작은 공동체, 다시 말해서 가족 공동체 같은 의미를 줄 수 있도록 해야 합니다.

셋째, 목회자의 자질입니다. 상대가 나를 비판하면 내게 무슨 잘못이 있나 돌아보는 것이 우선입니다. 목회자는 교인을 비난해서는 안 됩니다. 책임은 자신에게 있습니다. 목회자는 영적 지도자로 늘 임해야 합니다. 그러기 위해서는 먼저 탐욕에서 벗어나야 합니다. 바울은 이렇게 자신을 표현하고 있습니다. “내가 그리스도를 본받는 것처럼 여러분도 나를 본받으십시오.”(고전 11:1)

넷째, 소외된 자들을 찾아 그들에게 삶의 활력소를 줄 수 있도록 목회 방법을 모색해야 합니다.

다섯째, 건강한 목회를 위해 월요일을 안식일로 지켜보세요.

07 목회자의 목회적 삶이란 무엇인가요?

『목적이 이끄는 삶』(*The Purpose Driven Life*)의 저자 릭 워렌(Rick Warren) 목사는 미국과 세계를 열광시키고 있습니다. 그의 목회적 삶은 목회자들에게 새로운 비전을 주고 있습니다.

1) 워렌 목사는 80년도에 새들백교회를 세워 섬기면서 세계를 사로잡는 영적 지도자로 일하고 있습니다.

2) 새들백교회의 25,000여 명의 신도들은 그의 책, 『목적이 이끄는 삶』이 제시하는 제목 그대로 분명한 목적을 가지고 신앙과 생활을 하도록 훈련되어 전 세계에 각인되고 있습니다.

3) 워렌 목사의 책은 20세기를 변화시키는 100권의 책으로 선정되고 미국 역사상 가장 많이 팔린 책이 되었습니다. 이제 그는 교회로부터 사례비를 받지 않을 뿐만 아니라, 교회 개척 당시부터 교회에서 받은 사례비 전액을 헌납하고 책의 수익금으로 목회자와 에이즈 환자를 돕고 있습니다.

4) 평화(Peace) 프로젝트를 계획하여 세 가지 펀드(Fund)를 만들었습니다. 에이즈 환자를 위한 Acts of Mercy, 개발도상국의 교회 지도자 훈련을 위해 Equipping the Church 그리고 가난과 질병, 문맹퇴치를 위해 The Global Peace Fund 등의 기관을 만들어 직접 소외된 세계와 이웃을 위해 실천을 하고 있습니다.

이렇게 릭 워렌 목사는 교회를 개척하고 지도자(leader)를 세우며 가난한 자를 돕고, 병든 자를 치료하고, 다음 세대의 교육 등에 역점을 두어 교회와 세계를 함께 엮어가면서 하느님의 뜻을 펼치고 있습니다.

08 예수의 목회 방식은 어떠했나요?

예수는 세례 요한으로부터 세례를 받고, 공생애 시작을 위해 광야 40일 기도 후 사탄의 3중 시험을 받았고, 그 시험을 물리치고 목회를 시작했습니다.

1) 예수는 우선 희생과 헌신의 마음을 가진 12명의 제자들을 뽑아 그들과 함께 3년간의 공동체의 삶을 살면서 제자들을 마을로 보내어 전도하게 하였습니다.

2) 예수가 복음을 위해 택한 곳을 주목해 볼 필요가 있습니다. 그곳은 갈릴리였습니다. 갈릴리는 앗수르 제국이 병합한 후 바빌로니아, 페르시아, 마케도니아, 이집트, 시리아에 지배를 당했고, 기원전 63년에 로마의 팔레스타인 통치권 속으로 들어간 곳이었습니다. 갈릴리는 예루살렘이 멸망한 후에는 살아남은 팔레스타인 유대인들이 모여들어 이방인, 외국인 등의 이주자들이 들어와 혼합하여 살던 곳이었습니다.(사 9:1; 마 4:15)

3) 예수는 갈릴리에서도 소외된 자들을 우선적으로 생각하여 하느님 나라의 복음을 선포했습니다. "주님의 성령이 나에게 내리셨다. 주께서 나에게 기름을 부으시어 가난한 이들에게 복음을 전하게 하셨다. 주께서 나를 보내시어 묶인 사람들에게는 해방을 알려주고 눈먼 사람들을 보게 하고, 억눌린 사람들에게는 자유를 주며 주님의 은총의 해를 선포하게 하셨다." (눅 4:18-19)

4) 예수의 관심은 이 세상에서 빛을 잃고 산 사람들에게 빛이 되어 주셨습니다. 그의 목회는 바로 세리, 죄인, 창기, 병자들을 복음의 새로운 세계로 초대하는 것이었습니다.

효과적 목회를 위한 교육프로그램, 이렇게 하면 어떨까요?(1)

목회자는 신도들의 삶이 신비로운 생명의 연합을 통해서 그리스도의 능력 있는 증인이 되도록 양육하기 위해 말씀, 기도의 프로그램을 제시해야 합니다. 그것을 위해

1) 새 신자들을 위한 새 가족반이 있어서 낯설지 않게 교회생활을 시작하도록 합니다. 예를 들자면 친숙한 음악이 있는 예배, 서로 대화할 수 있는 예배 프로그램 등을 들 수 있습니다. 그리고 성경의 기초지식을 8주간 가르칩니다.(예: 하느님이 누구인가?) 그리고 새 신자의 과정을 마치면 일대일 양육을 할 필요가 있습니다.

2) 소홀히 할 수 있는 영아부를 신설하여 교회 교육이 전인 교육이 되도록 목회 프로그램이 되도록 합니다. 이것은 미래의 교회의 희망이 될 것입니다.

3) 구역 예배, 다락방 모임 등을 통해 소그룹을 활성화하여 병든 자, 어려운 자들의 기도제목을 받아 기도하여 문제를 해결합니다.

4) 제자반을 만들어 사역 중심으로 목회의 방향을 정합니다. 제자반을 통하여 사역 지도자(leader)를 양성합니다. 교회의 구성원 모두는 세상에서 사역자가 될 수 있습니다.

성경에 나오는 사역자 바나바는 사역이 무엇인가를 바르게 보여주고 있습니다. 그는 바울을 예루살렘 교회에 소개하고, 복음을 위해 섬기고, 세우고 도왔습니다. 바나바란 세우는 사람, 섬기는 사람, 돕는 사람(Helper)이란 뜻을 가지고 있습니다.

10 효과적 목회를 위한 교육프로그램, 이렇게 하면 어떨까요?(2)

"모이는 교회"와 "흩어지는 교회"를 효과 있게 운영하는 목회 방식은 모이는 교회가 예배와 친교와 간증을 중요시한다면 흩어지는 교회는 사회와의 만남과 그 만남을 통한 선교를 중요시합니다.

예배당이 아닌 "세상을 섬기는 교회"를 만들어 화제가 되어 제도 교회에 신선한 충격을 주고 있는 교회가 있습니다. "뉴스앤조이"를 통해서 한국 교회 개혁을 부르짖고 하느님 나라 운동을 펼치고 있는 김종희 목사는 우리가 충성할 곳은 "교회"가 아니라, "세상"이라고 하여 흩어지는 교회의 모습을 강조하고 있습니다.

흩어지는 교회의 강조점은 그가 목회하는 인터넷 사이트의 글에서 나타납니다. "이번 주일부터 흩어지는 예배를 이행합니다. 앞으로 두 달 동안 우리는 각자 원하는 곳에 가서 예배하게 됩니다. 그리고 두 달 뒤에 다시 만납니다."

이러한 시도를 통한 다양한 의견들과 함께 공동체에서 이탈하는 것에 대한 우려가 있었지만 그보다도 "예배당 중심의 교회"의 축을 바꾸어놓은 것을 더욱 크게 평가하게 되었습니다. 2개월 후에 다시 교회에 모인 교우들은 다른 교회와 세상에서의 경험을 나눔으로 교회 구성원 모두가 주체적이 될 수 있었습니다.

그들은 흩어지는 교회의 경험을 통해 하느님은 교회의 주인만이 아니고 세상의 주인이 되신다는 것을 느끼게 되었으며, 더 나아가 개인 하나하나가 교회라는 사실을 깨닫게 된 것입니다.

11 열린 목회란 무엇인가요?

열린 목회는 모이는 교회와 흩어지는 교회, 즉 크게 두 가지 점에서 생각해 보도록 하겠습니다.

우선, 모이는 교회, 즉 디아스포라 교회에서 열린 교회와 목회는 기존 교회의 예배 형태와 교회 운영 방식을 과감하게, 때로는 파격적으로 벗어나 젊은 세대의 감각에 맞게 진행하는 방법입니다. 미국 유니온 신학교 채플실에서 아프리카인들을 생각하면서 드리는 예배에 참석한 적이 있습니다. 제단에 놓여진 몇 개의 소품들은 바로 아프리카에 가 있는 것같이 느껴지도록 꾸며졌습니다. 그리고 예배 후에는 아프리카인들이 먹는 음식으로 점심 식사를 했습니다. 이 날 헌금은 아프리카에게 모두 보내기로 했습니다. 뜻있는 예배였습니다.

다음으로, 흩어지는 교회, 즉 디아스포라 교회에서 열린 목회란 흩어지는 신도들이 열린 사고를 하며 사회를 섬기는 디아코니아 역할을 하도록 돌보는 목회를 말합니다. 건강한 교회는 흩어진 교우들이 세상에서 정치, 교육, 문화, 사회, 환경 모든 분야에서 하나님을 사랑하고, 인간을 사랑하며, 창조 세계를 사랑하도록 목회의 방향을 넓히는 것입니다. 이것은 자신의 삶을 나누기 위해 세상을 섬기는 종의 모습에서 나타날 것입니다.

정리하면 열린 목회는 기존의 틀에서 벗어나 찬양과 말씀, 친교와 나눔으로 이어지는 영성이 있는 목회로 탈 기독교시대(Christian era)를 겨냥하는 포스트모던 세계에 참 그리스도를 경험하도록 하는 목회가 될 것입니다.

12 열린 목회로서 설교란 무엇인가요?(1)

열린 목회는 하나님의 말씀으로부터 거리가 먼 설교를 지양해야 합니다. 그것이 무엇일까요?

첫째, 제도 교회 중심적 설교로부터 벗어나는 일입니다. 제도주의의 특징은 위계질서입니다. 여기에서는 의사소통의 방식이 일방통행이며, 목회자와 평신도 간에 차별이 존재하며, 장로와 일반 신도의 차이를 인정하게 됩니다. 원래 교회는 질서를 위해 제도를 가지지만 안타깝게도 교회 유지 발전을 지상 목표로 삼아 제도주의로 가고 있는 것 같습니다. 따라서 교회의 설교도 교회주의적인 것이 되었습니다.

오늘날 제도 교회의 목회자들의 설교는 하나의 전형(pattern)을 이루었습니다.

1) 기독교는 타 종교에 비해서 우월하다.

2) 헌금은 축복과 직결된다.

3) 교회에 헌신하는 것이 신앙이다.

4) 목회자는 하나님이 세우신 종이다.

이러한 제도 교회 중심적 설교는 복음, 은혜, 십자가, 예수 그리스도, 사랑, 하나님 나라를 온전히 핵심으로 전하지 못하고 있습니다. 결국 예수 그리스도를 설교하기보다는 그리스도의 몸인 교회를 설교하며, 그리스도에 대한 신앙보다는 교회에 대한 신앙을 더 강조하고 있습니다. 열린 목회에서 설교의 방향은 제도적 틀에서 해방(exodus)되어 복음을 설교하는 것입니다. 그 복음을 듣는 사람은 누구나 행복을 느끼게 됩니다. 복음은 "뜻밖의 소식"(unexpected news)입니다.

13 열린 목회로서 설교란 무엇인가요?(2)

설교는 오늘 이 시대에 하느님의 말씀을 선포하는 것입니다. 여기서 두 축을 발견합니다. 하나는 성경(Text)이고, 또 하나는 이 시대(Sitz im Leben)입니다.

따라서 성서가 이 시대에 선포되기 위해서는 성서 시대의 "삶의 자리"(Sitz im Leben)로 돌아가서 주석(commentary)을 하고 그리고 나서 오늘의 삶의 자리, 즉 이 시대에 살아 있는 말씀이 되도록 해석해 내야 합니다. 이것은 성경을 비판적으로 읽게 될 것입니다.

그러나 제도주의적 설교에서는 오늘의 삶의 자리를 바르게 보지 못하고 단지 영적이고 개인적으로 머물러버리는 경향이 있습니다. 성서를 해석할 때 개인의 영적인 차원에서 해석하기 때문에 텍스트가 가지는 사회적, 정치적, 경제적 의미를 살리지 못하고 개인적 영적 의미로 환원하게 되어 텍스트의 의미를 왜곡하게 됩니다. 그것은 고대와 중세 교회에서 텍스트를 알레고리컬하게 해석하여 성서의 본래적 의미를 왜곡했듯이 현대 제도 교회에서는 개인주의적이며 영적인 의미로 왜곡하고 있는 것입니다. 어떻게 하느님의 말씀에 가까이 갈 수 있을까?

설교에서 사용되는 텍스트를 오늘 이 시대를 향한 메시지를 듣기 위해 비판적 수용이 있어야 합니다. 그것은 텍스트의 해석문제가 될 것입니다. 다시 말하면 그 텍스트가 써진 상황은 오늘 상황에서 문자 그대로가 아니라 의미로 전달해야 할 것입니다. 여성 안수 문제는 그 좋은 예가 될 것입니다.

14 토플러는 오늘의 시대를 "영성 시대"라고 하던데요?

앨빈 토플러가 이 시대를 영성의 시대로 명명한 것은 오늘의 이 시대에서 가장 가치 있고 소중한 것이 영성이라고 보았기 때문이라고 생각합니다. 포스트모던 시대야말로 성령께서 역사하시기 가장 쉬운 시대입니다. 왜냐하면 복음이 가장 자유롭게 구속을 받지 않고 직접 역사할 수 있기 때문입니다.

우리는 여기서 초기 교회의 영성의 삶을 살펴보는 것이 좋을 것 같습니다. 왜냐하면 초기 교회는 성령을 충만히 받았고 그리고 영성의 삶을 살았기 때문입니다. 영성의 공동체란 무엇인가요?

1) 초기 교회는 온 교회가 그리스도의 몸을 세우는 일에 함께 했습니다. 교회, 즉 하나님의 백성들의 모임은 언제나 예수 그리스도를 머리로 하여 교회가 형성된 것입니다.(엡 1:9-22; 4:10; 골 1:16-18)

2) 그리스도의 몸을 이룬 초기 교회는 자유롭게 그리스도를 나누었습니다.(고전 14:26-40) 어떤 사람도 그 집회의 중심된 위치에

서지 않았습니다. 그리스도가 중심에 있고 모두가 주님의 몸을 이루는 구성원이었습니다. (골 3:16; 엡 5:19)

3) 초기 교회는 모두가 성령의 권능과 체험 속에서 사는 영성 있는 교회였습니다. 이로 인해 각자가 성령의 사역을 개인적으로 체험하는 시간을 가질 수 있었습니다. 영성의 교회는 오늘의 제사장 중심의 교회와 달랐습니다. 성도들 각자가 그리스도를 나누는 간증자요 사역자였습니다.(고전 14:27-40) 영성의 시대는 서로 함께함, 즉 상호성(mutuality)이 특징으로 나타납니다.

제 5 부

영성

영성을 말하는 사람은 세 가지를 생각해야 합니다.
첫째, 몸의 사고를 해야 합니다.
즉 영과 육, 인간과 자연이 통합되는 사고를 말합니다.
둘째, 우리의 영에 성령이 거주하는 사고를 말합니다.
셋째, 예수 그리스도를 중심으로 하는 사고입니다.
성령이 거하면 예수 그리스도가 현재하는 것입니다.

제 13 장

영성

영성은 성령과 관계하여 나타납니다. 성령은 나의 영 안에 거하여 그리스도의 복음을 이해하게 하고 그 안에서 기쁨을 얻도록 인도하십니다. 그리스도는 성령을 보내시어 나로 하여금 항상 그리스도를 바라보게 하십니다.

영화 「패션 오브 크라이스트」 중에서

01 기독교의 영성이란 무엇인가요?

그리스 철학에 의하면 인간은 육과 영의 이원론, 혹은 육체, 정신, 영의 삼원론으로 구성되어 있습니다. 이원론이든 삼원론이든 인간은 영이 있다는 사실입니다. 인간에게 영이 있다는 것은 다른 피조물과 달리 고유한 특징입니다.

인간을 구성하는 요소 중 하나인 영(spirit, 혹은 soul)은 육체(flesh)와 정신(mind)의 요소와는 달리 이성과 자연을 초월한 신(神)의 영역에 속합니다. 성황당, 절, 모스크 사원, 십자가 등은 인간이 다른 동물과는 달리 종교적이라는 것을 보여줍니다. 그래서 "인간은 종교적 동물이다."(Human is a religious animal.)라고 합니다. 인간은 영성이 있기에 귀신을 섬기든지 아니면 우상을 섬기든지 합니다.

여기서 기독교의 영성은 불안과 걱정과 죽음의 공포로부터 벗어나기 위해 귀신을 섬기고 우상을 섬기는 것과는 전혀 다릅니다. 그것들은 단지 내 안에 있는 영(spirit)에 귀신과 우상이 들어오도록 허락하여 귀신과 우상을 신으로 섬기는 것일 뿐입니다. 그에 반해 기독교의 영성은 나의 영(spirit) 속에 거룩한 영, 즉 성령(Holy Spirit)이 밖으로부터 들어와 사는 것을 말합니다. 그 때에 비로소 인간은 참 영성을 가지게 되어 새 존재(new being)가 되는 것입니다.

영성이 있는 사람은 성령이 내 안에 있어 그리스도가 누구인지(Who Christ is), 그리스도가 무엇인지(What Christ is)를 알게 되고 개인으로 성령의 열매(갈 5:22-23)를 맺게 되며, 나아가 각자 받은 은사를 공동체와 사회를 위해 쓰임 받는 주의 제자가 되는 것입니다.

02 영성의 길이란 무엇인가요?

전통적인 기독교에서 하나님을 찾는 방법에는 두 가지가 있습니다. 첫째는 이성과 지성을 동원해서 성경과 신학을 공부함으로 하나님을 찾는 길과, 다음으로는 기도와 수도생활을 통해서 하나님을 찾는 영성의 길이 있습니다.

그러나 참 영성의 길이란 이 둘이 나누어지는 것이 아니라, 성령의 역사 속에서 통합되어 나타납니다. 하나님께 가까이 가는 영성의 길은 신학연구와 수도의 길을 통해서 이루어집니다. 여러분은 자신 스스로에게 다음과 같은 질문을 던져 영성의 지수를 점검해도 좋을 것입니다.

1) 나는 신앙생활과 교회생활에 만족하는가?

2) 나는 예수가 이 세상의 구주라고 믿는가?

3) 나는 세상 어느 것보다 예수 그리스도를 사랑하는가?

4) 나는 십자가에 달리시고 부활한 그리스도가 이 세상을 이겼다고 한 사실을 믿는가?

5) 나는 모든 일을 행하며 결단하기 전에 먼저 기도를 하는가?

6) 나는 현재 맡은 직분과 직업을 하나님께서 허락한 소명(calling)으로 여기는가?

7) 나는 지금 죽어도 후회하지 않는 삶을 살고 있는가?

8) 예수 그리스도의 오심이 하나님 나라의 도래의 시작이었다고 믿고 있는가?

9) 장차 임할 아름다운 천국을 가슴에 품고 있는가?

10) 성령이 내 안에 있어 열매(갈 5:22-23)를 맺고 있는가?

03 영성은 어떤 의미를 주는가요?

영성(Spirituality)은 어원적으로 라틴어 spiritualitas와 같습니다. 이 말의 뜻은 정신적 영적의 의미를 가지고 있습니다. 그러나 신학적으로 영성을 말할 때, 육을 무시하고 단지 정신적 혹은 영적 개념만으로 영성을 말할 수 없습니다.

바울은 인간을 영과 육의 구별이 아닌 전체적으로 이해하기 위해서 그리스어 "soma"(몸)의 개념을 사용했습니다. 우리는 몸이 없는 인간 실체를 생각할 수 없습니다.(롬 12:4-5; 고전 10:17; 엡 4:4, 5:23) 물론 몸($\sigma\omega\mu\alpha$)은 육과 마찬가지로 "죄의 몸"(롬 6:6)입니다. 죄의 자리를 제공하는 것이 육이요, 몸입니다. 이런 뜻에서 볼 때 육과 몸 사이에는 구별이 없습니다.(롬 7:4-25; 갈 5:16-24) 그러나 성령이 거하면 인간은 새로운 피조물이 되는 것입니다. 그때 인간에게는 하느님의 영을 받아들일 수 있는 영이 있다는 것을 알 수 있습니다. 여기서 기독교의 영성의 의미를 시작할 수 있습니다.

1) 기독교의 영성은 마음을 비우는 것이 아니라, 성령으로 충만케(to fulfil with Holy Spirit) 하는 것입니다.

2) 기독교의 영성은 하느님과 친밀한 관계(the intimate relationship with God)를 가지는 것입니다.

3) 기독교의 영성은 하느님의 말씀을 마음에 새기는 것(to meditate God's Word)입니다.

4) 기독교의 영성은 인간으로 오신 예수 그리스도이신 진리의 복음에 관계하는(to relate with the Gospel, Jesus Christ) 것입니다.

5) 기독교의 영성은 하느님의 사랑을 실현하는(to realize God's

love) 관계의 영성입니다.

04 영성의 기초, 훈련, 실천은 무엇인가요?

영성의 실천성을 말하려면 모든 계명의 핵심을 뚫고 있는 하느님 사랑과 이웃사랑에서 나타나야 합니다. 성경이 말하는 "사랑"은 헬라어 "아가페"(agape, 무조건적 사랑)에 해당하는 말로 다음과 같이 세 가지의 의미를 함축하고 있습니다.

첫째, 인간을 향한 하느님의 사랑입니다. 하느님은 햇빛과 비를 누구에게나 주듯이 인간을 "무조건적으로"(unconditionally) 사랑합니다. 영성의 기초는 인간을 향한 하느님의 주권적 침입을 말합니다. 성령이 내 안에 그리고 우리 안에 거한다는 사실이 하느님의 "아가페"요, 은혜요, 복음입니다. 이것이 영성의 기초인 수직적 차원입니다.

둘째, 하느님을 향한 인간의 사랑입니다. 이것은 하느님의 무조건적 사랑에 대한 인간의 반응으로 인간의 주권적 침입을 말합니다. 하느님의 수직적 사랑은 인간의 주권을 허락해 주신 것입니다. 성령의 거하심 속에서 인간은 하느님께 기도하고 찬양하고 예배드립니다. 하느님을 섬기는 것은 인간과 하느님의 화해를 수행하는 인간의 주권적 결단으로서 영성의 훈련을 말합니다.

셋째, 이웃사랑입니다. 영성의 실천은 수평적 차원으로서 이웃에 대한 사랑의 실천을 말합니다. 여기서 이웃에 대한 실천은 "너와의 관계 속에서 나", "공동체 속에서 나" 그리고 "자연 속에서 나"가 인격적이고 영적인 관계를 형성하고, 공동체를 가치 있게 하며, 자연을 돌보며 하나님을 찬양하는 일에서 나타납니다. 이것은 "가능성"이 아니라, "현실성"입니다. 성령이 거하는 자는 이웃을 사랑하기 시작합니다.

05 영적인 삶이란 무엇인가요?

수사들의 공동체, "에바그리우스"는 인간에게 찾아오는 죄의 유혹을 "로기스모이", 즉 깨어진 틈새를 8가지로 분류하고 있습니다. 1) 무절제한 욕심 2) 무엇을 얻으려는 게걸스런 욕망 3) 성욕으로 도취된 정욕 4) 화가 날 만큼 극단적인 불쾌감 5) 깊은 슬픔 6) 생기도 의욕도 없는 무기력 7) 헛된 영광 8) 교만입니다.

바울은 영과 육을 구분하여 영적인 삶을 살 것을 말하고 육을 멀리 하라고 자주 말하곤 했습니다. 육을 따라 사는 자는 "혈육의 인간"(갈 1:16; 엡 5:28-)이요, 자연인(갈 2:15)일 뿐입니다. 그에게 있어서 육은 외적인 것, 눈에 보이는 것, 문자적인 것이었습니다.(고후 4:16, 18; 롬 2:27, 29; 7:6) 그래서 인간이 추구해야 할 것은 오직 영뿐이요, 육은 썩어서 멸망할 것이요, 버려야 할 것이라고 했습니다.

영적 삶이란 하나님과 늘 함께하는 삶입니다. 하루를 시작하기 전에 하나님께 인사부터 하는 것 어떠세요. 아침에 잠이 깨면 창문을 열면서 "하느님 안녕하세요!"(Good morning, my Lord!) 해보세요. 시작이 반이라는 말이 있듯이 인사를 통해 신(神)과 함께 걷는 상쾌한 발걸음을 내디딘 것이 될 것입니다.

하느님의 음성을 듣고 온전한 영성을 회복하기 위해 모든 일을 멈추고 침묵(silence)을 깨는 새벽은 영적인 삶을 위해 소중한 "조용한 시간"(Quiet Time)입니다. 영적 삶이란 옛 자아의 죽임과 그리스도의 합일을 위해 하느님의 말씀을 묵상하고 그것을 삶에 적용하여 실천하는 일을 말합니다.

06 영적인 인간이란 무엇인가요?

인간은 육(flesh)과 정신(mind)과 영(spirit)으로 구성되었습니다. 이러한 구분에 따르면, 인간은 육적 인간, 정신적 인간, 영적 인간이라고 할 수 있을 것입니다.

육적 인간은 육체가 원하는 감각적 삶만을 사는 자들을 말합니다. 말하자면 오관(청각, 시각, 후각, 미각, 촉각)에 따라 자신의 삶을 표현하며 사는 것입니다.

정신적 인간은 오직 이성과 합리성에 따라 사는 자들을 말합니다. 이성과 합리성에 따라 살고자 하는 사람은 결코 육적인 사람처럼 살지 않으려고 노력합니다. 그런 의미에서 그들은 매우 도덕적이고 윤리적 모범자들이라고 할 수 있을 것입니다. 그러나 때때로 자신이 생각한 도덕과 윤리 기준대로 살지 못하여 후회하고, 괴로워하며 다시 결심합니다. 계속 되풀이되는 자신의 한계성을 발견하고 때로는 자신을 잊고 싶어서 술, 마약을 복용하여 환각상태로 들어가기도 합니다. 소위 3S(Sports, Sex, Screen)라는 것도 한계상황에 있는 정신적 인간에게 쉼을 줄 수 있는 것들로 이용되고 있습니다.

마지막으로 종교적 차원으로 "영적" 인간입니다. "영적 인간은 영어 표현을 빌리면 소문자로 s로 시작하는 "영적"(spiritual)과 대문자 S로 시작하는 "영적"(Spiritual)이 있습니다. 전자가 인간 자체 안에서 영적(spiritual) 인간으로 머물러 있다면, 후자는 나의 영(spirit) 속에 성령(Spirit/Holy Spirit)이 거한 자를 말합니다. 인간의 영(spirit) 안에 하나님의 영, 즉 성령(Spirit)이 거할 때, 인간은 영성의 사람이 됩니다.

07 사막의 수도사들은 영적 진보를 위해 어떤 훈련을 하는가요?

사막에서 내적 고요를 위해 투쟁하는 자는 청각, 말, 시각, 이 세 종류의 투쟁에서 해방되어야 합니다. 수도사는 항상 내적인 고요를 구합니다. 그러기 위해서는 온갖 종류의 애착을 그의 마음에서 뽑아버리고 오직 하나님과 대면할 독방을 만드는 것입니다. 무엇을 지키며 살아야 하나님의 마음에 들겠습니까?

1) 그대가 어디로 가든 하나님을 뵈오며 사시오.

2) 그대의 눈에 의롭게 보이는 바를 과도하게 믿지 마시오.

3) 마음의 정온을 유지하면서 손으로 일하시오.

4) 깨어 단식하고, 굶주림, 목마름, 추위, 헐벗음을 참아 견디시오.

5) 항상 죽어 무덤 속에 있는 것처럼 사시오.

6) 하느님의 사랑 속에서 경외와 참을성을 가지고 사시오.

7) 무수한 기도와 헌신 그리고 깊은 겸손을 수행하시오.

8) 분노하지 말고 모욕을 참으며 견디어 내시오.

9) 모든 물질적이고 육적인 것을 포기하시오.

10) 단식, 인내, 눈물, 맹렬한 투쟁, 분별, 영혼의 맑음을 통해 확고한 결의와 영적 고행을 얻으시오.

한 수사가 어느 원로에게 물었습니다. 제가 어떤 선행을 실천하며 살까요? 성경에 나타난 모든 행업이 똑같다고 하면서 안토니오 교부는 말했습니다. "아브라함은 친절했다. 그런즉 하느님께서 그와 함께 계셨다. 엘리야는 무념무상의 정적을 좋아했다. 하느님께서는 그와 함께 계셨다. 다윗은 겸손하였다. 하느님께서 그와 함께 계셨다." 하느님의 뜻을 따라 영혼의 갈망이 무엇인가를 알아 그것을 행하며 마음에 간직해 두라는 것이 원로의 대답이었습니다.

08 영성과 성령의 관계는 어떠한가요?

영성은 성령과 밀접한 관계를 가집니다. 하느님은 흙을 빚어 자신의 형상을 만든 후 코에 "입김", 즉 하느님의 영을 불어넣어 살아 움직이는 사람을 만들었습니다.(창 2:7) 이와 같이 인류의 최초의 사람 아담은 하느님의 입김, 즉 성령을 받은 영성이 있는 사람이었습니다.

성령은 인간에게 임하여 새 역사를 창조케 합니다. 구약성경 에스겔을 보면 "마른 뼈들아, 이 야훼의 말을 들어라. 뼈들에게 주 야훼가 말한다. 내가 너희 속에 숨을 불어넣어 너희를 살리리라."(겔 37:4-5)고 했을 때 마른 뼈들이 살아나 정의로운 군대를 형성합니다. 이와 같이 성령은 죽은 것들을 살리는 능력을 가지고 있을 뿐만 아니라 새로운 공동체를 형성케 하고 그 공동체에게 방향제시와 그 활동을 촉진시킵니다.

요한의 복음에 보면 제자들은 십자가에 달린 예수를 보고 실망과 두려워서 떨고 있었을 때, 부활한 예수께서 그들을 향하여 숨을 내쉬며 "성령을 말하라"(요 20:22)고 하셨습니다. 주님의 숨, 즉 주님의 영은 실의에 찬 제자들에게 새로운 희망과 활력을 더해주고 그 활동을 북돋아주었습니다. 구약의 예언자 요엘은 "영"이 임하면, "늙은이들은 꿈을 꾸고, 젊은이들은 환상을 보리라."(욜 3:16)고 합니다.

이사야서에 의하면 주의 영을 받은 자는 시온에게 기쁜 소식을 전할 것을 말합니다. "억눌린 자들에게 복음을 전하여라. 찢긴 마음을 싸매주고, 포로들에게 해방을 알려라. 옥에 갇힌 자들에게 자유를 선포하여라."(사 61:1, 참조 눅 4:18)고 했습니다. 이와 같이 영성의 문제는 언제나 성령과 밀접한 관련 속에서만 이해될 수 있습니다.

09 오순절의 영성은 어떠했는가요?

오순절의 영성은 교회를 탄생시켰습니다. "나는 내 영혼을 만민에게 부어 주리니…"(욜 2:28-30)라고 말한 요엘의 예언(BC 830 년경)은 약 900년 동안 침묵을 했습니다. 그 예언의 바람은 오랫동안 불지 않았습니다. 오랫동안 암담한 환경과 처지에도 그저 바람은 잠자코 있었습니다. 많은 사람들이 희망을 했는데도, 그렇게도 많은 사람이 좌절했는데도 바람은 불지 않았습니다.

그런데 99년이 지난 어느 날 "갑자기"(suddenly) 성령이 강한 바람처럼 "성도들의 모임"인 마가 요한의 다락방에 임한 것입니다.(행 2:6-21) 이 "갑자기"란 말 한마디는 거기 모인 사람의 무엇 때문이나, 인간의 무엇에 자극되어 임한 것이 아니라, 일차적으로 하느님의 필요성과 하느님의 주권에 의해서 임한 것입니다.

우리의 관심인 영성과 관련해서 생각할 때 영의 개입이 문제입니다. 영은 누구에게나 내릴 텐데, 그 영이 내리면 꿈도 꾸고, 환상도 보고, 해방과 자유와 복음이 선포된다는 사실입니다. 오순절이 되어 성령이 부어졌을 때 제자들은 성령을 받고 세계를 향해 파견(sending out)되어 나아갔습니다. 이것이 성령강림 사건입니다. 교회가 탄생한 것입니다.

여기서 우리는 영성의 세상성(world)을 봅니다. 하느님의 영이 우리 안에서 활동하면 창조의 영으로서 빛과 부활의 영으로서 생명과, 오순절의 영으로서 세상에 복음의 증인이 된 것입니다. 오순절 성령 충만은 교회 시대를 맞아 계속되고 있습니다.

10 예배의 영성은 왜 필요한가요?

웨스트민스터 신앙고백문의 첫머리에 사람의 제일 되는 목적은 "하느님을 영화롭게 하는 것과 그를 영원토록 즐거워하는 것이다."라고 했습니다. 그것이 예배입니다.

성경은 하느님께서 사람을 지으신 목적이 예배와 찬양을 받기 위해서라고 고백하고 있습니다. "이 백성은 내가 나를 위하여 지었나니 나의 찬송을 부르게 하려 함이니라."(사 43:21)

이 말씀을 다른 말로 표현하자면 하느님께서 예배를 받으시려는 목적으로 사람을 지으셨다는 말입니다. 인간이 자신을 지으신 하느님을 경배하고 찬양하는 것은 당연한 일입니다.

요한복음 4장에 나오는 사마리아 수가 성 우물가에서 예수가 만났던 한 여인의 경우에서 예배가 무엇인지 말해주고 있습니다. 예수는 그녀에게 다음같이 말씀하시어 그녀의 삶이 새롭게 일어서는 계기를 마련해 주셨습니다. "진실 되게 예배하는 사람들이 영적으로 참되게 아버지께 예배를 드릴 때가 올 터인데 바로 지금이 그때이다. 아버지께서는 이렇게 예배하는 사람들을 찾고 계신다."(요

4:23)

그리스도인은 오직 그리스도의 초청에 응답하여 하느님의 백성이 되어 제자직의 삶을 살아가는 그것이 특권이 될 것입니다. 인간이 가장 인간다워질 수 있는 길은 하늘과 땅을 창조하신 창조주 하느님과, 만물을 구원하시기 위해 그리스도와, 오늘도 우리 안에 거하여 증인된 삶을 살도록 하는 성령이신 하느님께 경배와 찬양을 할 때입니다.

11 순교자의 영성에 대해 생각해 보셨나요?

기도하는 목회자로 알려진 주기철 목사님은 일본 제국주의가 한반도를 침입한 후 신사 참배를 강요해 오자 이것은 "나 외에 다른 신을 두지 말라"는 계명에 어긋나는 행위이기 때문에 거절하다가 순교를 하셨습니다.

일본의 식민정책은 1910년 8월 29일 한반도를 손아귀에 넣으면서 무단정치를, 1920년에는 문화정치를 하다가 마침내 1930년대에는 민족 말살정치를 펴면서 신사참배를 전국적으로 강요해온 것입니다. 그러나 주 목사님의 신사참배에 대한 단호한 입장은 한결같았습니다. 부산 초량교회(1926. 3-1931. 9) 시절에 경남노회에 신사참배안을 거절했고, 문창교회(1931. 9-1936)에서도 부정 부패, 특히 신사참배 문제는 추호도 양보하지 않았으며, 평양 산정현교회(1936-1940)에서 목회는 야훼 하느님만이 참 신이요, 일본의 천조

대 신은 신이 아니라는 것을 강조하였습니다. 1938년 2월 8일 산정현교회의 신축 헌당예배 시에 "일사각오"라는 설교에서 주 목회자님은 "예수를 따라 일사각오, 남을 위하여 일사각오, 부활 진리를 위해 일사각오"를 외친 바로 그 후부터 수난이 계속되었습니다. 신사참배 거절 이후 그 때문에 감옥에 갇혀 갖은 고문과 박해를 받았고, 그리고 1940년에는 설교 금지령이 내려졌으며, 평양노회는 그에게서 목사직을 박탈하고 파면해 버렸습니다.

이윽고 1944년 4월 13일 병세가 악화하여 "내 영혼을 주님께 부탁하오니 받으시옵소서!" 하면서 7년간 옥고 끝에 숨졌습니다.

12 용서의 영성에 대해 생각해 보셨나요?

사랑의 원자탄이라고 불리는 손양원 목사님은 1939년 여수 소록도 한센병 환자 수용소인 애양원 교회에 부임해 이 세상을 떠날 때까지 그곳에서 환자를 돌보며 헌신적 삶을 사셨습니다.

일본 제국주의가 신사참배를 강요했을 때, 그는 단연코 그것을 거부했고, 그러자 그 대가로 5년간 옥살이를 살아야 했습니다.

그 후 1950년 6.25 사변이 일어나 공산당이 들어와 두 아들을 죽이는 것을 목도하는 아픔을 가졌습니다. 그 후 자신의 아들을 죽인 원수를 다시 만나게 되자, 그는 원수를 갚지 않고, 그를 자신의 아들로 삼았습니다. "원수를 사랑하라"는 주님의 말씀을 실천하는 목회를 하신 것입니다.

손양원 목사님은 누구를 만나든지 "예수 믿으시오" 라는 말을 하며 전도를 하였습니다. 땅 끝까지 예수의 증인인 된 삶을 산 것입니다.

그의 마지막 생애도 6.25 당시 피난을 권했으나 마다하고 소록도 환자들과 함께 보내 생을 보내다가 공산당에 의해 총살당했습니다. 자신은 원수를 사랑했는데 원수는 또다시 그를 죽인 것입니다.

그의 삶은 이 세상의 삶만으로 끝나지 않고 저 세상, 영원한 천국과 연결되고 있습니다. 용서를 넘어선 그의 사랑은 인간사랑, 민족사랑 그리고 예수사랑으로 점철되어 있습니다.

13 영성과 교회 건축물에 대한 좋은 아이디어가 있나요?

교회는 건물이 아닙니다. 그러나 건물로서 교회를 생각하는 사람이 있다면 건축물로써 교회는 시대를 읽고 영성을 담을 수 있어야 합니다. 건축에서 상징은 그만큼 직접적이고 참여적입니다. 교회는 중세의 고딕 건물을 그대로 답습한 뾰족 종탑이나 스테인드 글라스 같은 교훈적인 아이콘이 가져다주는 획일적 상징체계에서 벗어나지 못하고 있는 것 같습니다. 이러한 상징체계의 고착화는 "기도하는 손", "포도나무", "노아의 방주" 등에도 나타나고 있습니다.

그러나 오늘의 시대 속에서 어떻게 거룩한 체험을 할 수 있을까를 염두에 둔다면 기존의 틀에서 벗어나 보다 현대적이면서도 영성을 담을 수 있는 건축물이 지어져야 할 것입니다. 영성을 담은 교회는 성스러운 상징과 거룩의 체험이라는 인간의식의 실존이 개입된 표상성으로서 거룩의 엑스타시가 존재하고 선포되어지고 명상되고 체험되는 곳이어야 할 것입니다.

교회의 건축물이 메마른 상징체계에서 벗어나 풍부한 종교적 영성을 체험할 수 있도록 도와줄 수 있는 공간과 형태의 발현을 모색하는 것은 교회 건축가에게 절대적 소명이라고 볼 수 있을 것입니다. 교회 건물이 신적 형식과 활동을 표현하기 위해서는 그것이 구체적이든 상징적이든 간에 신의 궁극의 체험이 가장 잘 발현될 수 있으면 될 것입니다. 아울러 지친 현대인들에게 참으로 쉴 수 있는 휴식 공간을 고려하는 것도 교회가 사회를 위로하는 것이 될 수 있을 것입니다. (참고, www. yagin. net)

제 14 장

교회의 토착화

그리스도의 복음화 토착화는 복음의 바른 전달을 위해서 필수적입니다. 그것은 하느님이 인간이 되어서 우리에게 계시되었듯이, 토착화는 다시 복음의 씨가 한국의 오랜 전통, 관습 그리고 종교의 밭에 뿌려져 자라도록 하는 것입니다.

금산교회

01 한국 문화와 샤머니즘 속에서 기독교의 모습은 어떤가요?

우선 몽골, 만주 등의 우랄 알타이계의 민족사회에 널리 퍼진 원시종교인 샤머니즘은 한국 역사와 함께 오랜 역사를 가지고 있습니다. 샤머니즘은 한국 사회, 문화, 종교에 큰 영향을 끼쳐왔습니다. 기독교도 예외가 아닙니다. 한국 교회는 샤머니즘으로부터 신을 신뢰하는 기구의 열성과 헌신을 제공받았습니다. 그에 따라 한국 교회는 무속신앙 내지는 기복신앙 아래서 성장되고 있었습니다.

무속적인 것이 한국인의 심성과 깊은 관계를 가지고 있다는 것은 종교학을 전공하는 사람은 물론 기독교 신학자들까지도 크게 인정하고 있습니다. 다시 말해서 한국인의 무의식 속에는 생래적으로 무속 신앙이 뿌리깊게 자리잡고 있다는 사실입니다. 민족 공동체에 수천 년간의 기간을 거쳐 집단 무의식 속에 생래화된 무속적 종교 에너지를 어떻게 그리스도교적인 영적 에너지로 활성화할 수 있을까 하는 것이 연구되어야 할 것입니다.

기독교의 복음이 한국에서 쉽게 토착화되어 전파되었다는 것은 한국 사람들이 매우 종교적이라는 데 있습니다.

02 한국 문화와 불교 속에서 기독교의 모습은 어떤가요?

한국 사회는 기독교를 받아들이기 전에 수천 년 동안 비기독교적 동양종교의 영향 속에서 형성되어왔습니다.

삼국시대, 통일신라시대, 고려시대(5C경-15C경까지)에 걸쳐 약 천년 동안 한국사회와 정신을 지배했던 불교는 인간이 고뇌의 길에서 구원받는 길은 인생과 세상 만물에 대한 집착에서 벗어나 열반의 세계로 들어가는 것으로 가르쳤습니다. 이것에 대한 실천방법은 세상을 떠나 산 속에 거주하면서 명상과 좌선을 하면서 계율과 교리연구를 통해 자기의 해탈을 하는 소승불교(Hinayana)가 있고 그와는 달리 부처가 무한한 자비를 가지고 모든 중생을 구제한다는 것에 근거한 타력신앙을 강조하는 대승불교(Mahayana)가 있습니다.

그러나 우리나라 민중들에게 뿌리를 내린 불교는 후자인 부처님의 자비에 의존하는 타력신앙이었습니다. 따라서 샤머니즘의 무교 종교의식은 한국불교에도 깊은 영향을 주었습니다.

칠성각, 산신각 등은 무속신앙에서 온 것입니다. 이러한 무속신앙은 불교에도 기독교에도 신령한 능력을 힘입어 질병과 재난과 모든 액운을 물리치고 복을 추구하는 기복적 타력 신앙을 추구하게 되었습니다. 특이한 것은 석가의 수제자인 미륵(Maitreya)이 펼친 사상인 미륵불 사상은 조선의 계급사회 속에서 억눌린 민중들에게 미래지향적인 구원사상을 갖도록 했습니다. 그러나 이 미륵 신앙은 역사의식을 떠나 주술적 염원과 기복의 형태로 되어 타계주의적 성향을 가져다주는 부정적 결과로 기독교에 영향을 주었습니다. 민중이 양반과 사대부에 의해 희생되었을 때 미륵세계가 도래하여 해방된다는 미래지향적인 종말사상은 기독교가 전해준 내세사상과 천년왕국 사상을 쉽게 수용할 수 있도록 해주었습니다.

03 한국 문화와 유교 속에서 기독교의 모습은 어떤가요?

조선시대에 이르러서 우리 민족은 샤머니즘과 불교를 거부하고 유교가 조선의 국가 이념을 위한 종교로 자리잡았습니다.

한국에 들어온 유교는 주자학을 통하여 소개되었고 그 주류는 형이상학적인 태극사상(理)과 형이하학적인 음양오행사상(氣)의 이기이원론(理氣二元論)입니다. 특히 유교의 삼강오륜 등으로 엮어진 유교적 윤리사상은 한국사회의 인륜도덕의 숭상과 윤리적 행동규범에 확립을 했습니다.

예를 들면 대통령과 백성, 남자와 여자, 어른과 아이들을 구별해놓음으로써 사회가 보수화 내지는 경직화되었습니다. 유교는 그 시대의 정신적 토양을 이루었고, 조선말에 전래된 기독교는 역시 유교의 토양 속에서 성장해야만 했습니다.

그러나 유교를 통한 기독교는 몇 가지 특징적으로 한국 교회에 특징으로 나타나 발전했습니다.

1) 어른과 아이, 남자와 여자, 목회자와 평신도 사이에 차이와

거리를 두어 교회 질서를 만들어놓았습니다.

2) 부모와 스승을 존경하고 공경하는 예절 문화가 교회에 자리를 잡게 되었습니다.

3) 유교의 대가족 제도는 섬기고 나누는 공동체적 삶을 그대로 교회에 전수해 주었습니다.

04 문화적 측면에서 본 한국 교회의 세 가지 유형은 무엇인가요?

첫째, 유교적 형태의 교회의 부성적 교회를 들 수 있습니다. 이 교회는 제도적 장로교 형태의 교회입니다. 이 교회는 교회전통과 질서를 존중하는 보수적 성향을 띠고 나타났습니다. 그러나 유교의 가부장적 권위주의는 이미 근엄해 버린 교회가 되었습니다. 특히 교리주의, 교권주의, 율법주의, 분리주의를 만들었습니다.

둘째, 샤머니즘 형태의 모성적 교회를 들 수 있습니다. 이 교회는 먼저 따뜻하게 가슴에 품어주는 어머니를 생각하게 하는 교회입니다. 또한 이 교회는 샤머니즘적인 황홀과 열광, 노래와 춤의 열기가 있습니다. 거기에는 활력과 생명력이 있습니다. 그러나 여기서는 물질의 복을 기원하는 기복 사상을 강조하고 있습니다.

셋째, 민중적 형태의 교회를 볼 수 있습니다. 한국의 동학사상이 여기에 연결된다고 볼 수 있습니다. 이 교회는 말구유에 태어나 가난하고 억울한 사람들 편에서 싸우고 고난을 겪다가 십자가에 죽

은 예수를 주님으로 모신 교회 형태입니다. 여기서 예수는 민중으로 이해됩니다. 따라서 교회의 선교는 가난하고 상처받고 소외된 민중을 해방시키기 위해 그들과 함께 존재합니다. 그러나 민중을 위한 신학이 대결의 신학으로 될 위험과 계급의식을 고양시켜주고 증오심과 투쟁정신을 고취시켜 배타적이 되며, 독선과 오만에 빠지기 쉬운 점이 있습니다.

이러한 문화적 영향을 받은 한국 교회는 분열의 위기를 불러일으키고 있습니다. 한국 교회 자체분열은 역사 속에서 교회의 역할이 적극적이지 못하도록 하고 있습니다.

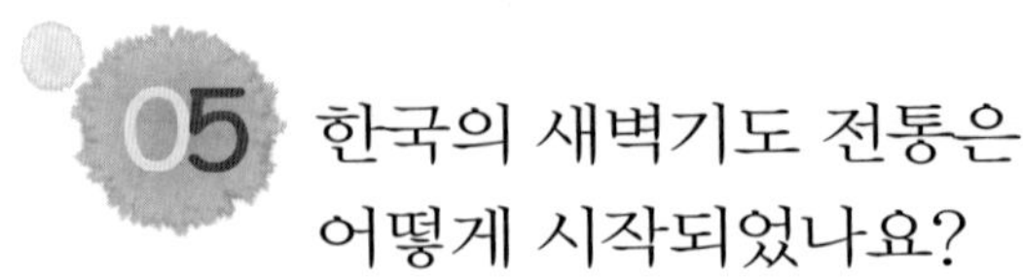

05 한국의 새벽기도 전통은 어떻게 시작되었나요?

새벽기도회는 한국 종교전통, 즉 불교와 도교 등의 새벽기도의 전통을 한국 교회가 초기부터 받아들인 것입니다.

새벽기도회의 근원은 평양교회의 길선주 목사에서 시작됩니다. 길선주 목사는 도교의 도사 출신으로 오랫동안 새벽에 도를 닦던 습관에 따라 개종한 후 새벽기도를 드렸습니다. 그가 사경회를 인도할 때도 새벽집회를 열었습니다.

성경에 새벽기도회를 가지라는 말이 어디 있나요? 새벽기도회를 따분하게 생각하는 사람들이 묻는 질문입니다. 이것에 대하여 "예수는 새벽 미명에 기도하셨습니다."(막 1:35; 눅 21:37f.)라는 예를 듭니다. 물론 구약이나 신약을 찾아보면 새벽에 기도를 했다는 구절들을 발견할 수 있습니다. 그러나 그러한 내용들은 우리가 한국에서 정규적으로 실시하는 새벽기도를 의미하지 않습니다. 그것은 단지 기도를 했는데 그 시간이 새벽이었다는 것이지, 지속적으로 드리는 새벽기도라고 할 수 있는 형태는 아닙니다. 만일 새벽기도회가 원래 기독교의 양식이라면 오히려 외국의 선교사들이 복음을 한국에 전할 때 새벽기도회를 강조했을 것이기 때문입니다.

오히려 새벽기도회는 한국적인 것입니다. 한국 교회의 특징 중 하나가 바로 다른 나라에서는 찾아볼 수 없는 새벽기도회입니다. 새벽기도회는 한국 교회의 토착화를 의미합니다. 그것은 후에 각 교회가 새벽에 모이는 것을 통해 좋은 영성의 전통을 남긴 것입니다. 그런 점에서 그것은 또한 매우 성경적이었습니다.

06 심방은 어떻게 시작되었나요?

심방은 한국 교회가 가진 가장 중요한 목회의 한 방법입니다. 목회자가 교우들의 삶의 자리를 찾아가 친교를 나누고 그들의 삶을 이해하며, 바로 그 삶의 자리에서 그리스도와 함께 사는 일을 말할 수 있다고 하는 점에서 교역자나 교우들 모두 심방을 중요하게 여깁니다.

이 심방제도는 무당의 단골집 순방에서 온 것이 정설입니다. 무당은 일정지역에 단골을 거느리고 단골집을 보통 한 달에 한두

번 방문하여 그 집안의 여러 가지 문제를 상담하고 자문하기도 하였습니다. 무당이 단골집을 방문하는 동기는 굿거리의 청탁으로 경제적 이(利)를 보는 데 있지만, 이때 단골집은 음식으로 대접하고 상의하여 자문을 구합니다.

이 외에도 임신, 출산, 환갑, 생일, 병환, 사망 등의 대소사 때도 방문합니다. 이와는 달리 영적 지도자로서 신자들의 사정을 염려하는 심정으로 심방하기도 했습니다.

교우들은 목회 심방을 통해서 인간을 찾아오신 그리스도를 경험하고 목회자는 인간을 찾으시는 그리스도의 심정으로 다시 돌아가 그 삶을 체험합니다. 그러나 목회심방이 갖는 이러한 신학적 가치에도 불구하고 한국 교회에서 시행되고 있는 심방의 현실은 많은 문제를 안고 있으며 그것은 때로 목회의 역기능으로 작용되기도 합니다.

한국 교회는 교인의 초청 없이 목회자가 의무적으로 심방을 합니다. 구역 심방, 봄 심방, 가을 심방이라는 제도가 있습니다. 서구 교회는 교인의 초청에 따라 특별한 날 심방을 실시합니다. 예를 들면 환자가 있어 기도를 부탁할 때나, 가족의 기념일 등에 초청받아 갑니다.

07 성미의 유래는 어떻게 해서 시작되었나요?

성미는 초기 한국 교회의 아름다운 전통에서 비롯되었습니다.

그러나 시대가 달라져서 그 의미도 퇴색되고, 여자들도 경제권을 잡으면서 헌금도 가능해지고 남자 성도들도 늘어나면서 쌀보다는 헌금이나 다른 방법으로 많이 대체하면서 얼마 전부터 많이 사라지고 지금은 일부 교회만 시행하고 있는 것 같습니다.

한국 교회가 갖고 있는 성미제도의 전통은 동학교(東學敎)의 성미제도에서 왔다고 전해집니다. 동학교도들이 국가로부터 박해를 받을 때 지도자들의 생계가 문제가 되었습니다. 그래서 한 달에 한 번씩 모이는 비밀 모임 때에 교인들이 집에서 쌀과 보리를 얼마씩 준비하여 지도자들을 도왔습니다. 한국 교회 선교 초기에 전도자들의 생활 형편이 어려워 먹고 입는 문제의 해결이 어려웠을 때 교회는 자연스럽게 성미제도를 도입하였습니다.

굶는 목회자들을 위해 여자성도들이 할 수 있는 일이라곤 살림을 맡고 있는 음식물에서 방법을 찾아야 했는데, 다른 음식과 달리 쌀이나 보리는 이동도 편리하고 보관도 용이해서 쉽게 성미를 할 수 있었습니다. 조그만 성미함을 가져다 놓으면 여자 성도들은 집에서 한 줌 두 줌 쌀이나 보리 등을 가져와 십시일반으로 목회자 한 식구 식사를 해결해 주었습니다. 당시 모아진 성미는 목회자의 생활비뿐만 아니라, 굶는 성도와 함께 나누어 먹기도 하고, 교회에서 잔치나 큰 행사 때 떡을 만들어 온 동리가 나누어 먹는 풍습도 있었습니다. 이와 같이 성미는 모두가 다 어렵고 힘든 시절을 함께 보내던 시절에 힘든 시기를 더불어 극복하려는 아름다운 우리나라만의 풍속 중의 하나이었습니다.

08 길선주 목사의 개종 동기

한국 교회의 신앙의 아버지라고 할 수 있는 영계 길선주(1869-1935) 목사는 세상일에 실패하여 세상을 비관적으로 보기 시작하여 방탕한 생활을 하면서 타락의 길을 걷다가 18세 때에 삼국지의 관우(關雨)를 신으로 모시는 관성교(關聖教)를 믿다가 20세가 넘어 25세 때는 선도(仙導)에 입문하면서 안국사에 들어가 참선을 했으나 오히려 마음의 평안은 없고 영혼의 갈증과 배고픔만을 늘 느끼고 있었습니다.

마침 그때 함께 선도를 수행하던 그의 친구 김종섭이 먼저 기독교에 입신(入信)을 하고서는 그를 찾아와 함께 예수를 믿자고 권면하였습니다. 이에 길선주가 화를 내며 "왜 믿을 것이 없어서 하필이면 서양귀신을 섬기느냐?" 고 나무랐습니다. 그러나 김종섭은 물러서지 않고 각자 믿는 신앙의 어느 쪽이 진리인지를 결판내기 위해 3일간의 기간을 정하고 각기 자신이 믿는 신에게 나타나주기를 기도드려 보기로 합의하였습니다. 김종섭은 삼위일체(三位一體) 하느님께 기도드리고 길선주는 선도의 신인 삼령신군(三靈神君) 신에게 기도하였습니다. 그런데 기도가 3일째가 되는 새벽 1시경에 홀연히 옥피리 소리가 들리며 황홀한 경지가 열리며 그리스도가 나타나 "길선주! 길선주! 길선주!" 를 세 번 부르셨습니다.

이에 길선주는 그 앞에 꿇어 엎드리며 자신의 죄를 회개하고 예수를 평생의 주인으로, 믿고 따를 진리로 받아들였습니다. 그 이후 길선주가 장대현교회의 장로가 되어 1907년에 일어난 평양대부흥운동의 중심인물이 되었고, 후에 목사가 된 것입니다.

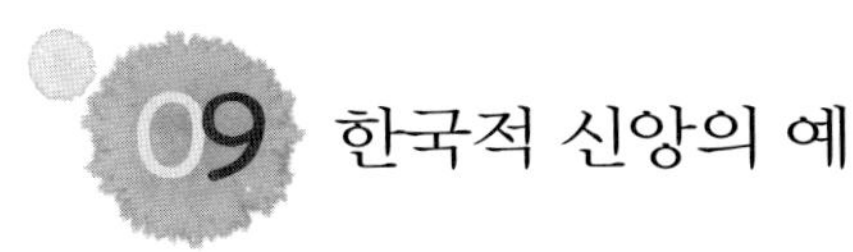

09 한국적 신앙의 예

한국 교회의 신앙의 아버지라고 일컬어지는 인물 가운데 길선주 목사가 있었습니다. 그의 신앙은 한국 교회의 사표가 되고 있습니다.

길선주 목사가 1907년 1월 6일 평양 장대현교회에서 새벽기도 인도를 하면서 자신의 죄를 큰 소리로 자백했을 때 한국 교회의 부흥운동이 일어난 것입니다. "나는 아간과 같은 자입니다. 나 때문에 하느님께서는 축복을 주실 수가 없습니다. 약 1년 전에 친구가 임종시에 나를 자기 집으로 불러서 말하기를 길 장로, '나는 이제 세상을 떠나니 내 집 살림을 돌보아주시오.' 라고 부탁했습니다. 나는 잘 돌보아드릴 터이니 염려하지 말라고 말했습니다. 그러나 그 재산을 관리하며 미화 100달러 상당을 훔쳤습니다. 내가 하느님의 일을 방해한 것입니다. 내일 아침에는 그 돈을 미망인에게 돌려드리겠습니다." 이러한 회개 운동이 한국 교회의 부흥의 도화선이 된 것입니다.

길선주 목사는 성경 읽는 것에도 좋은 전통을 남기고 있습니다. 구약 전체를 30회 이상, 그 중에서 창세기와 에스더서는 540회 이상, 신약 전체는 100회 이상, 묵시록은 만 독, 요한서신은 500독 이상 통독하였고, 나아가 새벽기도회가 끝나면 묵시록을 20분간 암송했다는 것은 유명한 이야기로 전해지고 있습니다. 그는 또한 말세학을 체계화한 말세 삼계설을 주장하여 게으름을 피하고 열심 있는 신앙생활을 가능케 하는 신앙의 원동력을 보여주었습니다.

길선주 목사의 회개 운동, 새벽기도 운동 그리고 성경 다독 운동은 그 후에도 한국 교회의 특징을 이루어 발전했습니다.

제 15 장

십자가와 명상

예수 그리스도가 갈보리 언덕에서 우리 죄를 위해 십자가에 달리셨을 때(벧전 2:24), 십자가는 새로운 의미가 되었습니다.

01 인류의 죄를 지고 가는 하느님의 어린양 그리스도를 보라

십자가를 지고 가시는 주님! 그것은 하느님의 뜻을 받들어 이행되는 순종의 행위였습니다.(막 14:36; 마 26:39; 눅 22:42) 일찍이 세례 요한은 이미 예수의 미래를 예견하면서 인류의 죄를 지고 가시는 "하느님의 어린양"(The Lamb of God)을 보라고 하였습니다.

그러나 예수께서 자신의 수난에 대하여 제자들에게 말씀하실 때면, 언제나 제자들은 당황했고 그런 일이 결코 있을 수 없다고까지 생각하였던 것입니다. 메시아 비밀사상, 특히 베드로의 신앙고백과 침묵을 지키라는 경고가 이를 입증합니다.(막 8:27-30; 마 16:13-20; 눅 9:18-21) 그러나 후에 예수의 수난과 죽음 그리고 이어지는 부활이 무엇을 뜻하는지 깨닫고 깊은 신앙과 통찰을 갖게 합니다.

예수의 수난은 자신의 죄악에 대한 징벌이나 인과응보 사상에 의거한 것이 아니라 그의 생과 사업이 많은 사람을 위한 대속적인 사건이었습니다.(마 20:28; 막 10:45) 그의 수난은 모든 사람을 위한 것이며, 그의 흘리신 피는 사죄를 위한 계약의 피(막 14:24; 마 26:28; 눅 22:20)입니다. 의인의 수난과 죽음은 하느님의 뜻의 신비로 우리의 합리적인 이해의 한계를 넘어서는 것이었습니다. 그는 하느님의 어린양입니다.

02 그리스도의 수난을 명상해 보세요

예수께서 인류의 구원을 위한 구체적 발걸음을 위해 나귀 타고 예루살렘으로 입성하셨습니다. 목요일 밤 최후의 만찬을 잡수신 다음 겟세마네 동산에 가서 밤이 맞도록 기도하셨습니다. 거기서 군대와 대제사장들의 하속들에게 붙잡혀 가야바와 빌라도에게 끌려가 심문을 당한 후 금요일 아침 십자가에 못 박혀 죽으셨습니다.

수난이란 말은 고난(suffering)과 참고 견딘다는 인내(endurance)를 의미합니다. 그리스도의 십자가의 사건을 전후로 하여 관련시켜 헬라어 "파토스"(pathos)를 수난이라고 번역하면서 "그리스도의 수난"(The passion of the Christ)이라고 붙여진 것입니다.

성경에서 수난이란 말은 예수의 생애 마지막 이틀 동안에 생겼던 일들, 곧 최후의 만찬, 겟세마네에서 땀방울이 피가 되는 기도, 제자들의 배반과 부인, 심문, 십자가 행렬과 처형 그리고 매장 이 모든 일련의 사건들을 포함합니다.

예수의 고난은 이미 예언된 것이었습니다. "그들은 사람의 아들을 희롱하고 모욕하고 침 뱉고 채찍질하고 마침내 죽일 것입니다. 그러나 사람의 아들은 사흘 만에 다시 살아날 것입니다."(눅 18:32): They will mock him, insult him, spit on him, flog him and kill him. On the third day he will rise again.

03 고난 중에 시편을 읽으세요

시편은 인간 영혼의 해부학입니다. 150편으로 이루어진 시편에는 삶의 고뇌, 고난, 좌절, 역경 속에서 시인이 고뇌하는 모습이 나옵니다. 시인은 언제나 고뇌하면서도 최종에는 하느님을 바라보면서 하느님과의 관계가 깊어지는 것을 볼 수 있습니다. 시편은 고뇌 속에 있는 인간이 하느님을 바라면서 오히려 하느님을 더욱 신뢰하고 찬양하는 시와 노래로 구성되어 있습니다. 예수님은 고난 중에 시편을 떠올렸습니다.

> "나의 하느님, 나의 하느님 어찌하여 나를 버리십니까?" (시 22:1)

04 갈보리로 가는 길에 대하여 묵상해 보세요

갈보리로 가는 길(The road to Calvary)을 생각하면 말로 표현하기 어려운 고통과 고난을 받고 있는 인간 예수의 모습을 보면서 인간이 얼마나 잔인하고 잔혹한가를 고발하고 있습니다. 또한 이것을 보면 인간이 한 일은 메시아를 십자가에 못 박는 일밖에 없었구나 하고 생각에 잠기게 합니다.

1) 얼굴을 때림(요 18:22), One of officials struck him in the

face.

2) 눈을 가리고 때림(눅 22:64), They blindfolded him hit him.

3) 얼굴에 침을 뱉음(마 26:67), They spit him in the face.

4) 주먹으로 때림(마 26:67), They struck him with their fists.

5) 채찍질함(마 27:26), He flogged him.

6) 머리를 때림(마 27:30), They struck him on the head again and again.

7) 옷을 벗김(마 27:28), They stripped him.

8) 가시면류관을 씌움(마 27:29), They set a crown of thorns on his head.

9) 희롱함(마 27:31), They mocked him.

10) 십자가를 짊어짐(요 19:17), Carrying his own cross, he went out to the place of the Skull.

11) 십자가에 못 박음(막 15:24), They crucified him.

12) 창으로 옆구리를 찌름(19:34), One of soldiers pierced Jesus' side with a spear.

05 십자가상에서의 일곱 마디(架上七言)(1)

이천여 년 전 인간으로 오신 하느님이 금요일 오전 9시부터 오후 3시까지 여섯 시간 동안 십자가에 매달려 우리 대신 심판과 저주를 당하셨습니다. 기독교의 상징은 십자가입니다. 그리스도께서 십자가에서 행하신 그 일 때문에 우리는 소망을 가지게 되었습니다. 십자가 위에서 하신 일곱 마디 말씀은 인류를 향하여 하신 말씀들입니다.

> "아버지여 저들의 죄를 용서하여 주옵소서." (눅 23:34)
>
> Father, forgive them, for they do not know what they are doing.

여기서 저들이 누구일까요? 그 당시 예수를 십자가에 못 박는 로마 군인들로부터 시작하여 십자가에 못 박히는 장면을 구경하던 사람들, 예수를 십자가에 못 박으라고 외쳤던 사람들, 예수를 죽이기 위해 모함한 제사장, 바리새인, 서기관들, 그리고 죄 없는 예수를 죽이도록 방치한 본디오 빌라도라고 생각할 수 있습니다.

그러나 그의 용서의 기도는 그의 삶의 핵심이었습니다.

1) 예수께서는 베드로에게 일흔 번씩 일곱 번이라도 용서하라고 가르치셨습니다.(마 18:22)

2) 예수께서 가르쳐주신 주기도문에는 "우리가 우리에게 죄 지은 자를 사하여 준 것같이 우리 죄를 사하여 주옵소서." 라고 했습니다.

3) 예수는 원수를 사랑하며 너희를 핍박하는 자를 위하여 기도하라고 가르쳐주셨습니다.(마 5:44)

4) 예수는 자기를 십자가에 못 박는 원수를 향하여 "아버지여 저희를 사하여 주옵소서." 하고 기도를 드린 것입니다.

원수를 사랑하라. 오른 편 뺨을 치거든 왼편 뺨도 돌려대라고 말씀하신 예수의 용서의 정신이 십자가 위에서 완성되고 있었습니다. 십자가 위에서 용서의 선언은 그 당시뿐만 아니라 오늘도 끊임없이 그리스도는 하느님 우편에서 우리를 위해 중보의 기도를 드리고 있다는 것을 생각하면 하느님께 감사하며 우리로 하여금 용서의 삶을 살게 합니다.

06 십자가상에서의 일곱 마디(架上七言)(2)

"오늘 네가 나와 함께 낙원에 있으리라." (눅 23:43)
Today you will be with me in paradise.

이 말씀은 물론 예수 곁에서 십자가에 못 박힌 강도를 향한 말씀이었습니다. 십자가에 달린 좌우편의 두 강도는 처음에는 군중들과 함께 예수를 모욕했습니다. 그러나 그 중의 한 사람은 점점 예수에 대해 알게 되고 마침내 흉악한 자기 죄를 깨달았습니다. 그리고 믿음을 고백하고 "예수여 당신의 나라에 임하실 때에 나를 생각하소서." 라고 간청했습니다. 이 강도의 간청을 들으시고 예수께서 "내가 진실로 이르노니, 오늘 네가 나와 함께 낙원에 있으리라." 고 했던 것입니다.

이 말씀은 성경의 매우 난해한 구절 중의 하나로 꼽히는 말씀입니다. 왜냐하면 이 말씀을 우리말 성경의 번역으로 보면 "오늘" 에 초점을 두어 읽고 이해하게 되면 전혀 엉뚱한 뜻이 되어버리고

말기 때문입니다. 그렇다면 이 말씀의 진정한 의미가 무엇일까요? 이 말씀의 의미는 "네 평생 악한 짓만 하고 살아왔으나 지금이라도 회개했으니, 이 순간 네게 구원과 영생을 약속한다." 라는 의미입니다. 그러므로 이 말의 정확한 번역은 "진실로 오늘 네게 이르노니, 네가 나와 함께 낙원에 있으리라."가 되어야 하는 것입니다.

이 구원의 복음은 그리스도를 믿으면 구원 받지 못할 사람이 없다는 것입니다. 이것은 늦게 온 일꾼들에게 먼저 와서 일한 일꾼들과 동일한 품삯을 주신 예수의 "은혜의 법칙"과 통합니다. 이 은혜의 법칙에 따른 보상이 강도에게 주어진 것입니다.

07 십자가상에서의 일곱 마디(架上七言)(3)

"여자여 보소서. 아들이나이다… 보라 네 어머니다."(요 19:26-27)

"Dear Woman, here is your son," and to the disciple, "Here is your mother."

이 말씀은 물론 십자가 아래서 슬피 우는 어머니 마리아를 위한 말씀이었습니다. 왜 내 아들 예수가 십자가에 못 박혀 죽어야 하는가? 세상에서 가장 가슴 아픈 일은 자식이 눈앞에서 죽거나 모진 고통을 받는 경우일 것입니다. 예수의 수난을 주제로 한 「패션 오브 크라이스트」라는 영화 중 가장 마음 아픈 장면 가운데 하나는 예수의 어머니 마리아가 피로 흥건한 재판정을 수건으로 닦아내는 장면이었습니다.

"네 부모를 공경하라."(출 20:12)고 한 교훈에 따라 예수는 십자가 위에서 당신의 어머니를 자기가 가장 사랑하던 제자에게 위탁하고 있습니다. 한때 예수는 누가 나의 아버지며, 누가 나의 어머니며 형제인가 하면서 하느님의 뜻을 내세웠습니다. 그는 지금 하느님의 뜻에 복종하면서 여기 십자가에까지 온 것입니다. 이제 그는 육신의 어머니를 향하여 마지막 효성의 말씀을 하시는 것입니다.

그러나 이 말씀은 이 세상에서 이별의 슬픔과 죽음의 아픔 가운데서 슬피 우는 수많은 사람들을 위한 말씀이라고 생각합니다. 예수는 세상에 오셔서 슬픔과 아픔을 당하는 외로운 자들에게 위로해 주셨습니다. 그리고 이 말씀은 슬픔과 아픔을 당한 사람들을 향하여 "그대는 나의 형제요 자매입니다. 그대는 나의 부모요 나의 자녀입니다."라고 하고 있는 것입니다.

08 십자가상에서의 일곱 마디(架上七言)(4)

"나의 하느님 나의 하느님 어찌하여 나를 버리시나이까."(마 27:46; 막 15:34)

Eloi, Eloi, lama sabachthani? My God, my God, why have you forsaken me?

예수께서 운명하시기 전 마지막 3시간 동안 그러니까 육시부터 구시까지 해가 빛을 잃고 온 땅에 어두움이 임한 사이에 예수는 "엘리 엘리 라마 사박다니", "나의 하느님, 나의 하느님, 어찌하여 나를 버리셨나이까"라고 크게 소리 지르셨다고 성경은 기록하고 있습니다.(눅 15: 25)

이 말씀은 예수 자신이 하느님으로부터 버림 받게 된 비극을 절규하는 말씀이었습니다. "하느님 살려주세요" 했는데 아무 대답이 없었던 것입니다. 절규하는 기도 속에서 부르짖는 버림받은 자의 아픔과 버린 자의 아픔이 인류를 구원하기 위한 십자가의 신비 속에서 교차되고 있었습니다. 예수는 겟세마네 동산에서 기도드릴 때 이 십자가의 고난과 죽음을 내다보면서 할 수만 있으면 이 쓴잔을 물리쳐 달라고 구했었습니다. 그러면서도 하느님의 뜻대로 되어야 한다는 것을 잊지 않았습니다. 그런데 하느님의 뜻이 여기까지 이른 것이 견딜 수 없어 하느님을 향하여 마지막 절규의 기도를 드리고 있는 것입니다.

사람들은 이러한 절규를 들으면서 세상을 구원하기 위해 왔다는 예수가 저렇게 자기 자신도 구원하지 못하고 절망적인 탄식을 하는 모습을 보라고 조롱하고 있었습니다. 심지어 예수를 믿는다고 하는 사람들도 이 "엘리 엘리 라마 사박다니"의 십자가에 걸려 넘어지기도 합니다.

십자가상에서의 일곱 마디(架上七言)(5)

"내가 목마르다." (요 19:28)

I am thirsty.

지금까지 예수는 십자가에 못 박히신 채로 무려 6시간 이상이나 피와 물을 흘리셨기 때문에 심각한 탈수상태에 빠졌을 것입니다. 따라서 이 말씀은 예수 자신의 목마름을 토로한 말씀이라고 할 수 있습니다.

그러나 예수께서 "내가 목마르다"고 한 말씀은 단순히 육체적 목마름을 견딜 수 없어서 하셨던 말씀만이 아니라 그 이상의 것이었다고 할 수 있습니다. 예수는 우리의 목마름을 대신 당하셨고 그 대신 우리에게 영원히 목마르지 아니하는 생수를 부어주셨습니다. 다시 말해서 내가 목말라서 소리 지르는 나의 소리를 대신 지르신 것입니다. 내가 목말라야 하는데 주님이 나 대신 목마르신 것입니다.

"목마르다."고 하며 괴로워하는 십자가에 달린 예수의 비참한 모습은 이 강퍅한 사람들의 마음에 일종의 연민을 불러일으켜 그 고통을 잠시 잊게 해주기 위해서 쓸개와 몰약을 탄 포도주를 예수께 권했습니다. 그러나 예수는 그 포도주를 거절하셨습니다. 그것은 결코 이 세상 사람들이 죽음의 고통을 덜기 위해 마취제를 취하는 그러한 방식으로 회피해서는 안 되는 고난이었다는 것을 너무 잘 알고 있었습니다.

예수께서 그렇게 피 흘리고 고통하며 목마르신 까닭은 인류를 구원하기 위해서였습니다. 예수의 목마름을 해결할 수 있는 일은 먼저 나를 주께 드리고 주를 영접하며 주의 증인이 되는 것입니다.

10 십자가상에서의 일곱 마디(架上七言)(6)

"다 이루었다." (요 19:30)

It is finished.

이것이 바로 복음의 핵심입니다. 우리를 위해 십자가에 못 박혀 죽어 가실 그 때에 비로소 이 말씀을 처음이자 마지막으로 남기셨습니다. 무엇을 의미합니까?

첫째로, 하느님의 구원의 계획이 성취된 것입니다. 구약의 제사 속에서 죽임을 당한 희생제사가 이제 골고다 언덕의 십자가의 완성의 사건으로 끝이 난 것입니다.

둘째, 예수께서 십자가에서 "다 이루셨다" 고 말씀하신 것은 바로 하느님의 율법과 공의의 재확립이었습니다. 십자가는 인류의 구원을 의미하는 것으로 기독교를 상징합니다.

셋째, 예수께서 십자가의 죽으심을 통해 이루신 것은 보편적인 인류의 구속을 위한 길을 열어놓으신 것입니다. 그 길은 누구를 막론하고 그리스도의 공로를 의지하여 그 길로 나가는 사람들에게 평등하게 열려진 것입니다.

넷째, 십자가 없이 구원에 이르지 못합니다. 그것은 인류를 위한 모든 것이었습니다. 따라서 우리는 구원을 위해(for) 어떤 선행을 따로 할 것이 없습니다. 그 구원을 감사히 받고, 그 감격을 가지고 성화(sanctification)와 영화(glorification)의 삶을 사는 것입니다.

11 십자가상에서의 일곱 마디(架上七言)(7)

"내 영혼을 아버지 손에 부탁하나이다." (눅 23:46)

Father, into your hands I commit my spirit.

이제 우리는 이 예수 그리스도의 마지막 유언이 들려오는 십자가 아래에서 지난날 우리가 어떻게 살아왔든지간에 이렇게 기도하고 싶은 마음을 갖게 됩니다. 이 세상에 있는 모든 것들이 다 변하고 눈에 보이는 만물들은 언젠가는 사라지게 마련입니다. 그러나 이 말씀은 마지막 인생의 갈림길에서 "아버지여 내 영혼을 아버지 손에 부탁하나이다." 라고 할 수 있도록 안내하고 있습니다.

12 십자가에 처형된 그리스도를 보라

"이 사람을 보라(ecce homo!)
나사렛 예수-유대인의 왕."

십자가에 처형된 그리스도(The crucified God)는 정치범으로 판결을 받았습니다. 그래서 그가 달린 십자가에는 "유대인의 왕"(R I, 막 15:26; 눅 23:38): THE KING OF THE JEWS. "예수-유대인의 왕"(I R I, 마 27:37): JESUS, THE KING OF THE JEWS 그리고 "나사렛 예수-유대인의 왕"(I.N.R.I, 요 19:19): JESUS OF NAZARETH, THE KING OF THE JEWS라는 팻말이 붙어 있습니다.

인류의 죄를 씻어주신 십자가에 달리신 하느님! 다시 사신 예수! 다시 시작하도록 새 세계를 열어주신 주님! 우리에게 희망. 인류에게 새로운 좌표! 거기서 그리스도는 그의 십자가의 피를 통하여 우리를 심판의 형벌에서 면하게 해주었고 하느님과 화해를 이루게 하셨습니다.(골 1:20-21) 사도 바울은 십자가의 의미를 깨달은 후부터는 자신이 가졌다고 자랑했던 모든 것들을 십자가 앞에 내려놓았습니다.(고후 11:16-12:13) 그는 그리스도의 십자가 외에는 자랑할 것이 없다고 말했습니다. 십자가는 무엇인가요?

교회의 비밀은 십자가에 달리신 그리스도에 있습니다. 그래서 기독교를 상징할 때 십자가를 걸어놓습니다. 기독교는 십자가의 종교입니다. 그리스도의 수난의 십자가는 모든 인간을 향한 새로운 차원의 메시지입니다. 그런 의미에서 십자가를 묵상하고 십자가를 사랑하고 그리고 십자가를 따르는 일을 통해 영성의 깊이를 더할 수 있을 것입니다.

13 예수의 삶을 회상하면서

예수는 우리의 죄를 위하여 죽으셨습니다. "그분은 여기 계시지 않다. 전에 말씀하신 대로 다시 살아나셨다. 그분이 누우셨던 곳을 와서 보라." (마 28:6)

1) 검을 지니고 다니는 자는 검으로 망하리라.

2) 원수를 사랑하고, 그를 위해 기도하라.

3) 눈먼 소경을 눈을 뜨게 하고, 죽은 자를 살리고…

4) 죄 없는 자가 돌로 치라!

5) 옥합을 깬 여인

6) 제자들의 발을 씻겨주신 그리스도

7) 이것은 나의 몸이다. 이것은 나의 피다. 이것을 먹고 마시며 아름다운 공동체를 이루어라.

8) 나는 선한 목자다.

9) 이웃을 사랑하라. 내가 너희를 사랑한 것같이!

10) 나로 말미암지 않고는 하느님 나라에 들어갈 수 없다.

11) 나는 길이요, 진리요, 생명이다.

"그를 찌른 것은 우리의 반역죄요, 그를 으스러뜨린 것은 우리의 악행이었다. 그 몸에 채찍을 맞음으로 우리를 성하게 해주었고 그 몸에 상처를 입음으로 우리의 병을 고쳐주었구나."(사 53:5) 우리는 우리의 힘이나 공로로 하느님 앞에 설 수 없습니다. 우리가 하느님 앞에 설 수 있는 것은 오직 자비롭고 선하신 우리 하느님의 은혜 아니면 아무것도 없습니다.